한 페이지 표의 힘

이케다 마사토 지음

김은혜 옮김

누락 없이, 중복 없이 모든 일을 정리하는 도구

21세기북스

이케다 마사토의 저서 『한 페이지 표의 힘』은 비즈니스와 개인의 효율적인 문제 해결을 위한 실용적인 지침서다. 표를 활용한 사고와 소통의 중요성을 강조하는데, 이는 텍스트 전달 방식에 대한 일대 패러다임의 전환이라 할 수 있다.

책이나 신문 등 일반적 글은 내용을 순차적으로, 선형적으로 독자에게 전달한다. 술술 읽히지만, 글에서 논리 구조를 발견하기는 어렵다. 읽다가 인상 깊은 대목만 파편적으로 독자의 머릿속에 기억될 뿐이다. 책이나 신문의 경우, 독자가 논리 구조를 파악하면 더없이 좋겠지만 그렇지 않더라도 큰 문제는 없다.

그러나 실생활에 필요한 글, 업무에 필요한 글이라면 전혀 다른 차원의 문제가 된다. 파편적인 정보만 전달된다면 결정과 판단의 오류로 이어지고, 나아가 큰 실패로 귀결될 가능성이 크다. 논리 구조를 한눈에 알아볼 수 있도록 내용과 형식을 설계해야 한다. 선형적 방식이 아니라 입체적 방식이 필요하다. 한국 정부와 기업에서 빈번하게 사용되는 개조식 보고서가 바로 그 예다.

표는 여기서 한 걸음 더 나아가 논리 구조를 시각화한다. 이케다 마사토가 주목하는 표의 장점은 이렇다.

첫째, 2차원 표로 사고를 확장한다. '2차원 표' 개념을 통해 복잡한 문제를 단순화하고, 구체적이고 실질적인 결과를 도출하는 방법론을 제시한다. 5W1H 표와 효과분석표를 활용해 정보 누락을 방지하고, 비교 분석을 통해 가장 효율적인 대안을 선택하는 과정을 소개한다.

둘째, 단순한 데이터 정리가 아니라 대화와 협력의 도구로 활용한다. 가족과 함께 집을 구하는 사례에서 표를 통해 각각의 우선순위를 비교하며 가족 구성원 모두의 만족을 극대화하는 과정을 보여준다.

셋째, 문제 해결을 구조화한다. 복잡한 문제를 표로 정리함으로써 핵심 정보를 도출하고, 부족한 정보를 파악할 수 있다. 문제 해결의 명확성을 높이는 데 기여한다. 효과분석표는 대안 간의 장단점을 객관적으로 비교할 수 있도록 돕는다.

『한 페이지 표의 힘』은 단순한 업무 지침의 차원을 넘어, 사고의 본질과 의사결정의 과정을 재구성하는 패러다임 전환을 가능하게 한다. 이 책을 읽는다면 급변하는 시대에 필요한 사고방식으로, 비즈니스뿐 아니라 삶의 다양한 영역에서 실질적이고도 혁신적인 성과를 낼 수 있는 길을 찾을 수 있다.

백승권
비즈니스라이팅 전문강사, 전 청와대 행정관,
tvN <유 퀴즈 온 더 블럭>에 '문서의 신'으로 출연

표를 생각한다는 것

내가 다양한 내용을 표로 정리하고, 생각도 표로 하게 된 계기는 손정의(孫正義) 사장(당시, 이하 손 사장)의 이 한마디 말 때문이다.

"자네는 평범한 사람이라 3차원, 4차원으로 생각할 줄 모르겠지? 그러니까 2차원으로 많이 생각해보게. 2차원 분석이 겹쳐 입체가 되면 더욱 깊이 이해할 수 있거든."

지금도 선명하게 기억하는 말이다. 소프트뱅크의 전신 도쿄디지털폰 회사가 소프트뱅크모바일로 바뀌고, 마케팅부서에서 근무하던 2008년의 일이다. 당시 나는 휴대전화의 새로운 요금서비스와 할인서비스를 기획하는 업무를 담당하고 있었기 때문에 손 사장에게 직접 기획을 제안할 기회가 있었다. 다양한 데이터를 수집하고 분석해 자료를 작성했지만 "분석방식이 부족하군요"라는 지적을 받았다. 게다가 분석결과로 제시한 내용을 두고 "도표 하나로 그렇게까지 말하는 건 조금 지나치군요"라는 말까지 들어 제안내용이 아니라 분석한 내용으로 퇴짜를 맞기도 했다.

곤혹스러워하던 내게 던져진 말이 앞서 말한 "2차원으로 많이 생각해보세요"였다. 2차원 즉, 표를 만들어 생각해보라는 말이었지만 처음에는 무엇을 어떻게 표로 만들어야 하는지 갈피를 잡지 못했다.

마케팅 정책은 대부분 연령, 성별, 지역과 같은 복수의 기초 데이터에 구매 실적과 선호도 등의 행동 데이터와 기대하는 정책의 효과와 비용을 곱한다. 복수의 데이터를 곱해서 생각하기 때문에 자료는 3차원, 4차원의 도표가 된다. 당시의 나는 그렇게 생각했다.

그것을 2차원 표로 만든다는 것은 곱해진 요소(축)를 두 개로 압축하는 것이다. 이 방법으로 어떤 결과를 알 수 있을지, 솔직히 처음에는 반신반의했다.

하지만 손 사장의 말대로 당시의 나는 손 사장만큼의 경험과 직관, 통찰력을 갖고 있지 않았으며 주변의 뛰어난 선배들 같은 분석력과 전문성도 없는 그저 '평범한 사람'이었다. 그렇다 하더라도 손 사장에게 제안을 통과시켜야 했다. 당연히 그의 말을 거스를 이유가 없었다.

일단 손 사장의 말 그대로 일단 수중의 데이터를 '두 개의 축'으로 곱해서 적용했다. 말 그대로 암중모색(暗中摸索).

그런데 여러 장의 표를 만드는 도중 신기하게도 지금까지 내가 해왔던 안이한 분석과 놓쳤던 내용이 눈에 보이기 시작했다. 다양한 데이터를 두 개의 축으로 곱하자, 세 가지 이상의 데이터를 겹쳤을 때보다도 선명하게 게다가 하나의 데이터에서는 보지 못했던 가치를 찾은 느낌이 들었다. 이른바 2차원 표가 내 안에서 입체가 된 것이다.

작성한 표는 곱해도 희미해지기도 하고 경향을 드러내지 않을 때도 많다. 하지만 의미 없는 수많은 표가 섞여 새로운 방향을 제시한다. 지금까지 보지 못했던 것이 보인다.

예를 들어 젊은 세대가 타깃이라고 생각했지만 오히려 시니어들을 향한 접근이 필요하다는 점을 얻었다.

"아하, 이것이 '2차원으로 생각하는 것'이구나!"

손 사장의 말이 단박에 이해되는 순간이었다. 동시에 손 사장은 표를 만들지 않고도 머릿속에서 구축하는구나, 라고 깨달으며 그의 위대함을 다시 한번 느꼈다. 그때부터 나는 항상 2차원 표를 작성해 생각한다. 가지고 있는 데이터를 표로 만드는 작업은 '마케팅이란 이런 것', '이 타깃층에는 이런 정책이 해당한다'라는 생각에서 벗어나 다각적으로 일을 생각하는 것이라고 깨닫게 되었기 때문이다.

물론 업무나 안건은 그때마다 상황과 내용이 달라 '표를 만들면 반드시 좋은 기획이 될 거야'라고 할 수는 없다. 하지만 표는 만들면 만들수록 핵심 내용을 다룰 수 있게 되어 정확도가 향상된다.

나 또한 여전히 표야말로 평범한 내가 빠짐없이, 속임수없이 깊이 있게 업무를 생각할 수 있는 최고의 도구라고 생각한다.

이 책에서는 내가 생각해 낸 '표로 생각하고, 업무를 진행해 결과를 얻는' 방법을 소개한다.

업무든 사생활이든
중요한 결단일수록 내가 표를 사용하는 이유

나는 지금도 무언가를 생각해야 할 땐 반드시 2차원 표로 생각한다.

업무×표로 생각하기

2020년 초, '코로나19'라는 미지의 질병이 전 세계를 덮쳤다. 각지에서 사망자가 속출하던 무렵 나는 일본에서 민간기업 최초의 PCR 검사 센터 설립으로 분주하게 뛰어다녔다. 스크리닝 검사라는 새로운 개념의 검사다.

'PCR'이라는 말조차 들어본 적 없었던 내가 한 달 만에 사업을 계획하고 1일 최대 검사 가능 건수 2만 1000개의 센터를 만들 수 있었던 배경에는 역시나 '표로 생각하는' 프로세서가 있었다.

PCR이란 무엇인가? 어떤 사람에게 협조를 요청해야 하는가? 어떤 설비와 장소가 필요한가? 짧은 시간 안에 실현할 수 있는가?

손 사장에게 '사람들이 손쉽게 PCR 검사를 받을 수 있게 하고 싶다'라는 말을 들었던 당시에는 아는 것이 거의 없었다.

내가 이 업무를 담당하게 된 것은 소프트뱅크 CSR* 부문을 담당하고, 동일본대지진 당시 아이들을 지원하는 공익재단법인 설립하고 운용했던 경험이 있기 때문이다. 의료지식이 해박하기 때문이 아니다.

어려운 비즈니스 문제도 셀 수 없을 만큼의 표를 만들어 가며 어떻게든 결과를 만들어냈다.

그때 내가 어떤 표를 만들어 'PCR 검사 센터'를 세울 수 있었을까? 자세한 내용은 정보를 정리하는 방법, 사고 프로세스와 함께 2장에서 소개한다.

사생활×표로 생각하기

표로 생각하기는 사생활에서도 똑같다. 예를 들어 휴일 가족들과 놀러 갈 곳을 정할 때도 머릿속에서 간단한 표를 만든다.

"거기에 가면 근처에 공원도 있고, 돌아올 때 장도 볼 수 있어. 요즘 시기에는 사람도 많지 않아."

이런 식으로 표를 채워가며 분석한다. 이 습관은 이미 나뿐만 아니라 우리 가족의 습관이 되었다. 몇 년 전, 꿈꿔오던 우리 집을 지을 때도 온 가족이 함께 표를 만들었다. 집은 말할

---

[*] CSR(Corporate Social Responsibility, 기업의 사회적 책임)은 기업이 이윤을 추구하는 원래 목적의 범위를 넘어 이해관계자를 포함한 사회와 환경 등에 대한 책임을 느끼고 실천하는 활동을 말한다.

것도 없이 큰돈이 들기 때문에 실패해서는 안 된다.

"왜 이런 곳을 산 거야!", "그때 네가 여기가 좋다며!" 이런 싸움은 무조건 피하고 싶었다.

그래서 후보지를 가로축에, 세로축에는 가족들에게 원하는 내용을 물어 중요하게 생각하는 포인트를 작성했다. 예를 들면 나는 지하철역까지의 거리와 출퇴근 시간, 아내는 공원까지의 거리와 슈퍼나 병원 등의 접근성, 아이들은 학교까지의 거리. 써 내려갈수록 각각의 우선순위에 차이가 드러났다.

이사할 지역을 검토했을 때 가족이 함께 작성한 표 이미지

	H 지역	T 지역	K 지역	참고 현재
지하철역	JR H 역	JR T 역	민영철도 K 역	민영철도 O 역
노선	JR Y 선	JR T 선	민영철도 K 선	민영철도 K 선
부동산 금액	●●●●만 엔	●●■■만 엔	●●△△만 엔	--
면적	219.5	198.55	198.35	120
건폐율/용적율	40%/80%	50%/100%	60%/200%	50%/80%
채광방향	동향, 남향	남향	남향, 동향	동향, 서향
모양	남향·동향 경사	평지	평지	평지
도로	북측 5.0m, 동측 5.0m	남측 2.9m	남측 6.5m, 동측 6.5m	북측 5.0m, 서측 3.0m
회사 근처역까지 최단시간	59분	43분	61분	60분

지하철역까지 도보	17분	14분	11분	18분
고저차	5	1	2	1
근처 공원	HH 공원 2분	없음	N공원 4분	U공원 1분
마트 등	R마트 3분	편의점 3분	편의점 5분	T마트 3분
식당 등	메밀가게 5분	역 근처 14분	백반집 5분	T마트 내 3분
초등학교	HH 초등학교 7분	Y 초등학교 11분		M 초등학교 6분
중학교	HH 중학교 8분	T 중학교 21분		K 중학교 7분

색칠한 글씨: 높게 평가하는 포인트   : 가능하면 피하고 싶은 포인트
: 걱정하는 포인트

지역별로 만족도 비교표(효과분석표→31쪽 참고)

	H 지역	T 지역	K 지역	참고 현재
종합평가	18	12	11	-
아들	9	6	5	-
아내	9	6	6	-

입지뿐만 아니라 평수와 지반 등 신경 쓰이는 부분을 일단 전부 적는다. 주택도 시공업자별 내진 강도와 단열성, 지붕과 벽 등의 내구연수를 정리한 표도 별도로 만들었다.

일단 표의 전체 틀을 만들고 아는 것부터 적는다. 처음부터

모든 칸을 채울 순 없다. 반드시 채워지지 않는 칸, 즉 실제로 필요하지만, 아직 모르는 정보가 있다.

표가 채워지지 않으면 무엇을 찾아봐야 하는지, 누구에게 물어봐야 하는지 알 수 있다. 그에 따라 찾아보거나 조언을 구해 표를 채우면 된다.

표를 채우는 것이 빠짐없이 생각하기로 이어진다.

"현시점에서는 이것이 최선이지만 아이들이 크면 어떻게 될까?", "여기에 집을 지으면 이렇게 지낼 수 있겠지? 괜찮은데?"라며 미래를 그려보거나 생활하는 모습까지 생각하면 가족 간의 배려와 애정도 더욱 깊어진다.

표를 만든 시점에서 머릿속으로도 정리가 되기 때문에 이후 부동산회사와 건축사무소와의 미팅에서도 일을 원활하게 진행할 수 있다. 왜냐하면 중요하게 생각한 부분을 한눈에 볼 수 있어 업자 간의 차이를 명확하게 인지한 상태에서 이야기할 수 있기 때문이다. 나처럼 부동산을 잘 모르는 사람도 "A사에서는 여기 이 부분, 비용이 들지 않는다고 했는데 왜 이곳은 20만 엔 견적이 들어가 있는 건가요?"라고 질문할 수 있다. 업체 관계자는 이 질문에 대해 정확하게 설명해야 한다.

이 사고법은 이사 외에도 인생에서 다양하게 찾아오는 중요한 선택의 순간에 큰 도움이 된다. 예를 들어 진학, 취업, 이직. 연애와 결혼 같은 감정이 크게 관여하는 일에서도 일단 표를 만들면 보이는 것들이 있다.

비즈니스에서도 마찬가지다. 비즈니스에서는 상사나 클라이언트와 대등하지 않은 경우가 대부분이다. 서로 입장이 다르고 권한이 다른 데다 시야도 다르고 정보량도 다르다. 차이를 말할 것 같으면 한도 끝도 없다.

하지만 표를 만들면 어떤 상대와도 '같은 선상'에서 의논할 수 있다. 천재와 일반인, 위와 아래라는 관계성이 아닌 함께 표를 채우는 파트너가 된다.

재해지의 아이들과 함께
미국에서 배워 와 탄생시킨 방법

내 이름은 이케다 마사토(池田昌人)이다. 늦었지만 간단한 내 소개와 이 책을 쓰게 된 과정을 이야기하겠다. 1974년생 49세로 1997년 현 소프트뱅크의 전신인 도쿄디지털폰에 입사하여 영업부문과 마케팅전략부문에서 약 15년간 근무한 후 2011년 부서를 이동했다. 현재는 소프트뱅크의 CSR 본부장·ESG 추진실장, 소프트뱅크그룹의 서스테이너빌리티(sustainability, 지속가능성)부를 겸임하고 있다.

CSR 담당으로 앞에서 이야기한 PCR 검사 센터 설립뿐만 아니라 '이어지는 모금(인터넷을 활용한 일본 최초의 모금 플랫폼, 2019년 누계기부액 10억 엔 돌파)'이나 '페퍼 사회공헌 프로그램(인간형 로봇 페퍼를 사용한 프로그래밍 교육, 2022년 3월까지 누계수업횟수 5만 회 돌파)'처럼 ICT를 활용한 사회과제에 대응하고 지방활성화와 지역과제 해결을 위한 '지역 CSR 부문'을 설립했다.

영업과 마케팅 분야에 있던 내가 어떻게 CSR 부문을 관리하게 되었을까? 계기는 2011년 동일본대지진 발생 당시 그룹에서 설립한 재해지원 프로젝트 그리고 동일본대지진 부흥지원재단(현 어린이 미래지원재단) 설립에 참여하면서였다. 단순한 봉사활동 팀을 꾸리거나 기부활동이 아닌 재단을 설립하게 된 데는 이유가 있다. 아이를 키우는 부모로서 "재해를 입은 아이들이 어른이 되어 그 지역 안에서 활동할 수 있을 때까지 지원을 지속해야 한다"라는 신념이 있었기 때문이다.

다행히 이러한 생각에 공감하는 상사들의 도움을 받아 CSR 부문으로 이동하게 되었다. 소프트뱅크그룹의 CSR 부문은 재해지 아이들에게 무엇을 해줄 수 있을까를 고민하다 기획한 것이 주일미국대사관의 협조를 얻어 마련한 '도모다치 서머 소프트뱅크 리더십 프로그램(현 도모다치 서머 소프트뱅크 리더십 프로그램2.0-미래를 향해 회복탄력성 있는 커뮤니티 만들기)'이다.

도호쿠의 미래를 책임지는 인재, 미래의 기업가와 스스로 행동할 수 있는 인재를 육성하기 위해 동일본대지진 발생 당시에 이와테현·미야기현·후쿠시마현에 거주하고 있던 고교생(2.0부터는 대학생도 대상)이 미국 캘리포니아대학 버클리캠

퍼스 등에서 3주간 지역공헌 및 리더십을 배운다. 이 프로그램은 2012년에 시작해 총 1,000명이 넘는 고교생이 참가했다. 지역의 과제를 파악하고 해결하는 방법을 찾기 위해 현지학습 및 워크숍을 실시, 토론과 발표를 통해 더 좋은 생각을 제안하자는 내용이다.

"토론이 재밌었어", "처음 해보는 경험이 많아서 즐거웠어" 참가했던 고교생들에게 들은 즐거웠던 소감이다. 하지만 이 프로그램을 기획한 사람으로서 약간의 불안 요소가 있었다.

학생들은 3주 동안 실습이 중심인 미국식 학습에 몰두했다. 일본에서 강의 위주의 교육을 받아온 대다수 학생은 '이 실습에는 어떤 의미가 있고, 이후 현실 사회에서 어떻게 활용할 수 있을까'라는 고민까지는 미처 하지 못했다. 실습 위주의 교육을 하는 미국 일류대학 교수의 '사고 스킬'에 눈을 떠 흡수하는 학생은 극히 일부였다.

미국에서의 배움이 단순히 좋은 추억으로만 남아서는 안 된다. 어떻게 하면 이 친구들이 능동적으로 과제를 발견하고, 해결책을 생각하며 목적을 확인해 실행할 수 있을까?

귀국한 학생들을 대상으로 미국에서 배운 내용을 복습하는 강좌를 실시하기로 했다.

어떻게 하면 미국에서의 경험을 살릴 수 있을까? 실천할 수 있는 능력을 몸에 익힐 수 있을까? 어떻게 하면 보다 많은 것을 사회에 환원할 수 있을까? 그런 고민 끝에 탄생한 것이 이 책에서 전달하고자 하는 방법의 원형이다.

사실 내가 손 사장 곁에서 일하면서 배워온 것들과 미국 교수들의 가르침에는 공통점이 많았다. 미국에서 고등학생들이 학습하는 과정을 가까이에서 지켜보면서 내가 실무를 통해 배워왔던 각각의 노하우를 체계화시켰다.

고맙게도 이 노하우는 고등학생들은 물론이고 사회인들로부터도 큰 호평을 받았다. 지금까지 총 6,000명이 넘는 사람들이 '이케다 세미나' 연수를 받았다. 홋카이도에서 오키나와까지 전국 방방곡곡뿐만 아니라 경영자를 대상으로 한 연수도 시행하고 있다. 이 책은 세미나 연수 교재로도 활용할 수 있다.

이 책을 통해 전하고 싶은 것

앞에서 소개한 표를 보고 어떤 생각이 드는가? 어쩌면 "방법을 배울 필요도 없이 쉽게 할 수 있겠는데?"라고 생각하거나 "2차원 표만으로 정말 모든 걸 반영할 수 있을까? 의심스러워"라고 생각하는 사람도 있을 것이다.

어린 시절부터 뭐든지 만들어왔던 사람이라면 2차원 표 정도는 누구나 만들 수 있을 것이다.

다만 표를 단순한 정보를 정리하는 데 사용하거나 보여주기용, 기록용으로 남기기 위해 형식적으로 사용하는 사람도 많다. 그런 사용방법은 표의 본질을 이해했다고도 표를 완벽하게 사용했다고도 말할 수 없다.

표란 모든 일을 빠짐없이 다각적으로 생각하는 도구이자 사고를 정리하는 도구이기도 하다. 복잡한 일도 표에 적절히 녹여내면 확실하게 해결할 수 있다.

표로 할 수 있는 것

복잡한 정보를 빠르게 정리한다

부족한 정보를 정확하게 찾아낸다

날카로운 시점으로 비교 검토한다

업무를 깊이 있게 분석한다

자신의 아이디어를 제안한다

동료에게 책임 있는 업무를 재촉한다

예정대로 업무를 진행한다

빠짐없이 소통할 수 있다

전체 그림과 세부사항도 한눈에 알 수 있게 제안자료를 만든다

자신이 '밀어붙이는' 기획을 객관적인 시점으로 파악하고 설명할 수 있다

아무리 높은 상급자와도 대등한 입장에서 교섭할 수 있다

예를 들어 "이제 막 시작하는 시점이라도 회의 전까지는 최소한 여기까지 생각해야 해"라든가 "여기까지 생각한 다음에야 비로소 최선을 다했다"라고 말할 수 있는 전문가의 마음가짐까지 표를 통해 이해할 수 있다.

표는 대화의 도구이기도 하고 합의에 도달하기 위한 가장 빠른 길이기도 하다. 덧붙여 말하자면 회사의 상사와 부하, 동료, 비즈니스 파트너, 고객과 좋은 관계를 형성하는 연결고리가 되거나, 가족이 화목하게 생활할 수 있는 표의 가능성은 무한대로 확장된다.

표로 생각하는 것은 단순히 사실을 정리하여 보기 좋게 만드는 것과는 본질적으로 다르다.

이 책에서는 이 간단한 2차원 표가 가진 힘과 활용법뿐만 아니라 내가 깨달은 비즈니스의 마음가짐-업무를 성공시키기 위해 중요하게 생각하는 것도 소개한다.

우수한 비즈니스퍼슨이라고는 말할 수 없었던 미숙했던 시절, 서두에서 소개한 손 사장의 말을 계기로 수천 장 아니 수만 장이라고 해도 모자랄 정도의 표를 만들어왔다. 그러면서 고안해 낸 표 만드는 방법과 활용법이 조금이라도 여러분에게 도움이 되길 바란다.

1장

표로 생각하기

'신제품 체험단'을 표로 생각하면?

　지금부터 본격적으로 표를 이용한 업무 진행방식에 관해 이야기하겠다.

　표로 생각하는 방법은 비즈니스나 사생활 관계없이 정보정리, 생각하기, 의논이 필요한 모든 상황에서 유용하게 사용할 수 있다.

　업무로 예를 들면 이른바 크리에이티브 직무, 기획 직무가 아니더라도

　"다음 달 마케팅 계획서 가져오세요."

　"우리 회사에도 디지털 전환 TF를 만들기로 했어요."

　"인력 부족에 관한 우리 회사의 대처방안을 마련해 오세요."

　등의 지시를 받았을 때나, 또는

　"신규거래처로 적합한 기업 찾기"

　"A안과 B안 중 어느 것이 더욱 적합한지 비교 검토하기"

　"프레젠테이션에서 내 생각을 정확하게 전달하기"

　"외부기업과의 계약 조건에 맞춰 더 좋은 타협안 찾기"

　등 다양한 상황에서 활용할 수 있다.

다만 구체적인 상황이 있어야 표의 효과 또는 어떻게 표를 사용하고 생각해야 하는지 더욱 쉽게 이해할 수 있을 것이다.

지금부터 '상사에게 자사의 신제품 체험단 관련 업무지시를 받았다'라고 가정한 다음, 표 만드는 방법과 표를 활용해 생각하는 방식에 대해 알아보도록 하겠다.

예제: I 부장의 업무지시

I 부장

며칠 전에 경쟁사 대표 B 씨와 대화를 나누던 중 굉장히 흥미로운 이야기를 들었는데 곧바로 우리 회사에서도 실시하면 좋겠다는 생각이 들더군요. 내용을 공유할 테니 기획안을 한 번 생각해줬으면 좋겠어요.

신제품이 출시될 때마다 광고와 매장전시, 판매직원과 관계자 배포용 설명자료 및 동영상을 제작하고 있지만, 해마다 상품의 기능이 복잡해지면서 제대로 전달되고 있지 않다는 느낌이 갈수록 강하게 들고 있어요.

그때 B 대표에게 들은 이야기가 상품도 이해시키면서 인플루언서와의 협력관계를 동시에 구축하는 신제품 사전체험단을 진행한다는 거였어요.

체험단에서 상품을 경험하는 것은 물론이고 그 외의

특별한 콘텐츠 운영 등 다양한 아이디어를 모아줬으면 해요. 도쿄뿐만 아니라 주요 도시에서 동일하게 진행하고 전국에서 100명 이상의 체험단을 만들도록 해요. 각지에서 '한정 인플루언서'라는 이름으로 활동하며 상품 차별화 및 소비자가 제품을 쉽게 이해할 수 있게 해줬으면 좋겠어요. 대행사나 광고회사와 협력해 효율적이고 효과적으로, 가능한 한 빠르게 적절한 시기를 놓치지 않도록 진행 부탁해요.

우선 당신을 중심으로 기획을 세운 다음 내부 의사결정을 거쳐 다시 영업마케팅 전략회의에서 발표하는 거로 하죠. 이 기회가 제대로 실현되면 좋겠군요. 기대할게요.

자, 이런 상황에서 당신은 어떤 체험단을 기획해야 좋을까?

생각의 누락, 속임수가 없어지는 두 개의 표

지금부터 두 개의 표를 사용해 신제품 체험단 기획에 대해 생각해보자. 각 표의 활용법은 뒤에서 자세히 설명할 예정이며 지금은 먼저 두 표의 차이점부터 이해하도록 하자.

표1 : 5W1H 표(개요서)

첫 번째는 내가 '개요서'라 부르는 표다. 개요서의 핵심은 '5W1H', 즉 When, Where, Who, What, Why, How이다. 이 책에서는 '5W1H 표'라고 표기하겠다.

5W1H가 '완전한 정보를 전달하기 위해 있어야 할 모든 것'이라는 정도는 여러분도 대략 알고 있으리라 생각한다.

'완전한 정보를 전달한다는 것'은 다시 말해 그 정보만 있으면 내용을 알 수 있다. 그러므로 5W1H는 모든 내용을 생각해야 빠짐없이 정보를 정리하고 검토할 수 있다.

다만 흔히 알려진 When(언제)→Where(어디서)→Who(누가)→What(무엇을)→Why(왜)→How(어떻게)라는 순서는 신문 기사처럼 사실을 알기 쉽게 전달하는데 특화된 프레임이다.

이번처럼 주어진 정보를 정리하고, 어떤 일을 결정하거나 아이디어를 떠올리기 위한 것이 아니다.

특히 비즈니스 문맥에서는 '언제, 어디서, 누가, 무엇을, 왜, 어떻게'와 같은 순서로 일을 결정하는 경우는 거의 없다.

'무엇을 위해(왜), 무엇을 할 것인가가 전제되어야 언제, 어디서, 누가, 어떻게'가 결정되는 일이 많다.

구체적인 예로 생각하면 이해하기 쉽다. 특히 목적이나 개요 없이 "한 달 후에(=언제), 무언가 할 테니까 생각해 둬"라는 말을 들을 일이 거의 없다.

만약 그런 식의 이야기를 들었다면 보통 '제철 식품 마케팅 업무를 담당하는 부서에서 근무 중'인 것처럼 목적이나 개요가 서로 암묵적으로 이해되는 경우일 것이다(그렇다 하더라도 표를 만들 때는 암묵의 이해사항도 다시 한번 언어화하는 편이 좋다).

'무언가 달성하고 싶은 목적'이 있고 이를 위해 '무엇을 할 것인가(개요)'를 생각한다. 그런 다음 관계자와 장소, 시기, 세부내용을 결정한다. '일의 사고 순서'에 맞춰 표를 작성한다.

또한 5W1H 각 항목의 의미도 비즈니스에서 사용하기 쉽게 수정한다.

이케다 세미나식 5W1H

5W1H	의미	내용
Why	목적	애초에 무엇을 위해 하는가?
What	개요	무엇을 할 것인가?
Who	관계자	누가·누구와·누구에게?
Where	장소	어디에서?
When	시기	언제? 언제부터 언제까지?
How	세부내용	어떤 식으로? 어떻게?

표2: 효과분석표

두 번째는 '효과분석표'라고 부르는 표다. 효과분석표는 더 좋은 안을 선택하기 위해 대안을 비교하고 검토하는 중요한 역할을 한다.

예를 들어 'Where: 장소'는 'A회의실이 적합한가 아니면 B회의실이 적합한가?'처럼 5W1H 표에 적을 때 별도의 검토가 필요한 경우가 있다. 이때 더욱 목적에 맞는 선택사항을 공정한 시점에서 선택하기 위해 효과분석표를 이용한다.

혹은 5W1H 표가 두 장 있다면, 즉 '두 개의 안 중 무엇이 더 좋은 선택인가?'처럼 아이디어 자체를 비교 검토할 때도 효과분석표가 큰 도움이 된다.

더 좋은 안을 선택하는 데 필요한 객관성

보통 비즈니스에서 무언가를 기획할 때는 단 하나의 안만 생각하고, 처음에 구상했던 1안을 그대로 진행하는 경우는 없다. 몇 가지, 때에 따라서는 수십 개의 안을 생각하고 그중에서 가장 좋은 안을 선택한다.

이때 발생하는 문제가 '더 좋은 안'이란 무엇인가, 어떤 기준으로 선택해야 하는가이다.

예를 들어 세 개의 부동산 매물을 생각해보자. 첫 번째 집은 근교에 있는 방 3개·정원·주차장이 딸린 단독주택. 두 번째 집은 도심 역세권 아파트의 분리형 원룸. 세 번째 집은 고급주택지에 있는 방 5개의 호화저택이라고 하자. 당신에게 '가장 좋은 집'은 어디인가?

이 경우 사람에 따라, 상황에 따라, 목적에 따라 선택하는 집이 달라진다. 부동산 가치로 보면 세 번째 집이 가장 비싼데 자신의 예산으로 매매하기 어려울 수 있다. 또는 지나치게 넓은 집을 감당하기 어려울 수도 있다.

세상에서 말하는 높은 가치가 반드시 내가 생각하는 더 좋은 것과 일치하는 건 아니다.

여기에서 언급한 세 개의 집은 극단적인 예이므로 모두 마음에 들지 않는 경우-세 가지 집 중에서 골라야 한다면 현재 거주하고 있는 집에서 계속 사는 편이 나은 경우-도 있을 수 있다.

누구에게나, 어떤 상황에서든, 무언가를 하는데 완벽하게 좋은 것이 존재하지 않는 한, 어떤 기준에서 검토할 것인가는 매우 중요한 시점이 된다.

그런데 우리는 자신의 느낌만으로 '이게 더 좋아'라며 결정하는 경향이 있다. 나 혼자 살 분리형 원룸 아파트라면 '그냥 이 집이 좋아'라고 결정해도 좋다.

하지만 이번처럼 회사에서 어떠한 기획을 세울 때 혹은 발주처를 검토할 때는 '그냥 이게 좋아'라며 결정할 수 없다.

"왜 다른 기획이 아닌 이 기획인가?"

"왜 다른 장소가 아닌 이곳에서 실시하는가?"

"왜 다른 발주처가 아닌 이 회사인가?"

객관적인 시점으로 명확하게 해야 한다.

아무리 사무적으로 생각하려 해도 우리는 감정과 사고를 분리해서 생각할 수 없다. 특히 어떤 애착이 있거나 반대로 혐오감을 자각하지 못하면 공정한 시점으로 '더 좋은 것'을 선택할 수 없다.

이러한 인간의 성질이 있는 한 효과분석표는 객관적인 시점에서 더 좋은 것을 명확하게 해주는 도구로 매우 유용하게 쓰인다.

두 개의 표는 교대로·반복해서 사용한다

여기서 소개한 두 종류의 표는 각각 만들었을 때도 효과를 발휘하지만, 교대로 혹은 반복해서 사용하면 기획의 정확도를 높이거나 상대를 설득할 수 있는 프레젠테이션 준비로도 이어질 수 있다. 5W1H 표와 효과분석표에는 서로를 보충하는 성질이 있기 때문이다.

'5W1H 표'와 '효과분석표'의 역할

	성질·용도·역할	주의점
5W1H 표 (개요서)	• 주어진 정보를 포괄적으로 정리하고 부족한 부분을 찾아낸다 • 하나의 일을 깊이 있게 사고한다 • 전체를 한눈에 알기 쉽게 전달한다	• 기본은 하나의 표에 한 개의 아이디어. 하나에 여러 가지 아이디어를 넣으면 생각의 깊이가 얕아진다 • 복수의 아이디어가 있는 경우 객관적으로 비교하기 어렵다
효과분석표	• 복수의 일과 아이디어를 비교·평가한다 • 관점을 바꿔 검토한다 • 이점과 결점을 가시화한다	• 일과 아이디어의 전체적인 그림을 그릴 수 없고, 범위도 좁아 주요자료로 사용할 수 없다 • 사고의 계기로는 이어지지만 심화할 수 없다

'5W1H 표'는 주어진 정보를 정리하거나 하나의 일을 깊이 있게 사고한다. 또한 전체적인 그림을 그려 상대에게 전달하거나 입장이 다른 사람과 논의할 때 진가를 발휘한다.

한편 '효과분석표'는 복수의 사항을 비교하거나 관점을 바꿔 검토한다. 또한 선택지나 아이디어의 뛰어난 점과 부족한 점을 가시화하는 효과가 있다.

이번처럼 상사의 지시를 받아 신제품 체험행사 기획을 생각하는 경우에는

① 5W1H 표로 정보를 정리한다

② 부족한 정보를 수집해 5W1H 표에 추가한다

③ 그래도 채우지 못한 부분에는 각각의 효과분석표를 작성해 아이디어를 비교 검토한다

④ ③에서 검토한 좋은 아이디어를 5W1H 표에 추가한다

⑤ ②~④를 반복해가며 안을 완성한다

이러한 형태로 '5W1H 표'와 '효과분석표'를 반복하거나 교대로 사용하면 사고가 더욱 깊어지고 다양한 관점을 바탕으로 뛰어난 기획을 완성할 수 있다.

더욱이 다음과 같은 단계를 거치면 다양한 요소를 고려한 '정말로 좋은 기획'안으로 이어진다.

⑥ 새로운 5W1H 표를 준비해 ①~⑤의 방법으로 별도의 안
  을 (한 개 혹은 여러 개) 만든다

⑦ 생각한 모든 기획을 효과분석표에서 비교 검토한다

⑧ ⑦을 바탕으로 5W1H 표에서 더 좋은 아이디어를 업그레
  이드한다

⑨ ⑥~⑧을 반복해 더 좋은 기획으로 완성한다

　지금부터는 두 가지 표를 만들고 사용하는 방법을 소개하
겠다.

표로
정보를 정리한다

5W1H 표: 주어진 정보를 표로 만든다

I 부장의 업무지시 내용으로 돌아가 아이디어를 표로 정리해보자.

첫 번째 단계는 주어진 정보를 5W1H 표에 반영한다. 곧바로 다음과 같은 '양식'을 준비해 표를 채운다. 한 항목씩 무엇을 적을지 생각해보자.

5W1H 표 양식

항목		내용	메모 (의문점 및 고려사항)
Why	목적		
What	개요		
Who	관계자		
Where	장소		
When	시기		
How	세부내용		

우선 Why: 목적. I 부장은 "각지에서 '한정 인플루언서'라는 이름으로 활동하며 상품 차별화 및 소비자가 제품을 쉽게 이해할 수 있게 해줬으면 좋겠다"라고 말했다.

"해마다 상품의 기능이 복잡해지면서 제대로 전달되고 있지 않다는 느낌이 갈수록 강하게 들고 있어요."

이러한 배경을 바탕으로 자사 제품을 홍보할 인플루언서를 통해 신제품을 이해하기 쉽게 소개할 것. 홍보 활동을 통한 차별화 포인트로 정확한 상품설명과 정보를 전달할 것. 이 두 가지를 통해 신제품의 판매 활동을 강화하는 것이 목적이다.

다음은 What: 개요다. 개요와 관련해서 I 부장은 이렇게 말했다.

"상품도 이해시키면서 인플루언서와의 협력관계를 동시에 구축하는 신제품 사전체험단을 진행한다."

즉 I 부장의 목표는 일회성으로 끝나는 체험단이 아닌 지속 가능한 홍보 활동의 일환이 될 체험단 개최다. 그렇다면 이 칸에는 구체적인 지시사항인 '체험단' 외에 이후 지속가능한 홍보 활동의 일환, 즉 '홍보 활동'도 함께 적는다.

이어서 Who: 관계자. I 부장은 '체험단 100명 이상', '인플루언서'라고 말했다.

'대행사나 광고회사 등의 협력'도 적어둔다. 다만 I 부장은 대행사와 광고회사만 이야기했을 뿐 무엇을 어떻게 협력할 것인가에 대해서는 언급하지 않았다.

네 번째는 Where: 장소. 장소에 대해서 I 부장은 '전국에서', '도쿄뿐만 아니라, 주요 도시에서'라고 이야기했다. 도쿄와 그 이외의 장소이므로 여러 번 진행해야 할 체험단이 될 것이다.

다섯 번째는 When: 시기다. I 부장의 지시사항에서 시기와 관련된 키워드는 다음과 같다.
"가능한 한 빠르게 적절한 시기를 놓치지 않도록 진행했으면 좋겠다."
'가능한 한 빠르게'라고 쓸 수밖에 없다.

마지막으로 How: 세부내용. 여기에는 일단 '신제품 사전체험단'이 해당한다. 장소를 빌려 각지에서 행사를 진행한다는 취지의 내용을 적는다.
또한 인플루언서와 협력관계를 구축해야 하는 만큼 한 차례 체험으로 끝내는 것이 아니라 행사 체험 후 '홍보 활동' 진행까지 염두에 두어야 한다. 오프라인 모임이나 SNS 업로드 등이 될 것이다.

지금까지의 내용을 표로 정리하면 다음과 같다.

일단 지시사항을 표에 채우면…

항목		내용	메모 (의문점 및 고려사항)
Why	목적	'한정 인플루언서'를 통해 신제품을 소개하고, 홍보 활동을 통한 차별화된 상품설명과 정보전달로 상품의 판매활동 강화	
What	개요	행사: 한정된 인원만 참여할 수 있는 신제품 체험단 홍보 활동: 행사 후 홍보 활동 촉진	
Who	관계자	주체: 당사 협력: 광고회사? 대행사? 인플루언서: 총 100명 이상= 각 ??명×개최장소	협력사의 역할은?
Where	장소	도쿄+그 외? 몇 군데?	
When	시기	행사: 가능한 한 빨리 홍보 활동: 가능한 한 빨리	
How	세부내용	행사: 각지에서 장소를 빌려 1일 행사로 아래 내용을 실시 • 상품체험 • 특징설명 • 홍보에 관련한 활동방법 홍보 활동: 인플루언서를 활용한 오프라인 모임, SNS 업로드 등 • 오프라인 모임의 빈도, 선물 전체비용: ? 판촉효과: ?	대상 제품, 내용을 자세히 조사

표의 오른쪽에는 '메모(의문점 및 고려사항)' 칸을 만든다. 이곳에는 '내용' 칸에 적을 수 없는 의문점이나 애매한 점을 적는다.

포인트는 표 안에 확인이 필요한 내용을 모두 적는 것이다. 표를 봤을 때 가능한 한 모든 의문점이나 고려사항을 알 수 있도록 작성한다.

대부분의 지시사항·바람…
이것만으로 표를 완성할 수 없다

이렇게 표가 완성……된 것은 아니다. I 부장의 지시사항대로 전체 칸을 채운 것처럼 보이지만 이 표에 실린 정보는 그럴싸한 내용에 불과하며 아직 애매한 상태이다.

앞의 표에서 애매한 부분에 색깔을 칠해보겠다.

'일단 채운 표'에는 애매한 점이 많다

항목		내용	메모 (의문점 및 고려사항)
Why	목적	'한정 인플루언서'를 통해 신제품을 소개하고, 홍보 활동을 통한 차별화된 상품설명과 정보전달로 상품의 판매활동 강화	
What	개요	**행사: 한정된 인원만 참여할 수 있는 신제품 체험단** **홍보 활동: 행사 후 홍보 활동 촉진**	
Who	관계자	주체: 당사 협력: 광고회사? 대행사? 인플루언서: 총 100명 이상= 각 ??명×개최장소	협력사의 역할은?
Where	장소	도쿄+그 외? 몇 군데?	
When	시기	**행사: 가능한 한 빨리** **홍보 활동: 가능한 한 빨리**	
How	세부내용	**행사: 각지에서 장소를 빌려 1일 행사로 아래 내용을 실시** · 상품체험 · 특징설명 · 홍보에 관련한 활동방법 **홍보 활동: 인플루언서를 활용한 오프라인 모임, SNS 업로드 등** · 오프라인 모임의 빈도, 선물 전체비용: ? 판촉효과: ?	대상 제품, 내용을 자세히 조사

색칠한 글씨: 애매한 부분

애매한 부분을 파악하기 위한 아이디어

'확실한 부분'과 '애매한 부분'을 구별하기 위해서는 작성한 내용을 부하직원이나 관계자에게 지시한다고 생각해보면 된다. 부하직원이나 관계자에게 작성한 내용을 그대로 전달했을 때 상대방이 그 자리에서 즉시 움직이면(=무엇을 해야 하는지 안다) '확실한 부분'이고 그 외는 '애매한 부분'이다.

예를 들어 'Where: 장소'를 살펴보자.

여기에 적혀 있는 도쿄는 도쿄의 어디일까? 또 주요 도시라고 했을 때 '도쿄·오사카·나고야'라고 생각하는 사람이 있는가 하면 '도쿄·오사카·나고야'에 '후쿠오카·삿포로'를 포함하는 사람도 있을 것이다. '도쿄·요코하마·나고야·교토·오사카·고베', '도쿄·삿포로·센다이·나고야·오사카·히로시마·후쿠오카·나하'를 생각할 수도 있다.

이 지시사항에서는 처음부터 지역과 개최도시의 숫자를 알수 없다.

'When: 시기'도 마찬가지다. 표에는 I 부장의 말대로 '가능한 한 빨리'라고 적었다. 하지만 이 내용을 전달받았을 때 부하직원이나 관계자는 예정표에 뭐라고 써야 할까?

이런 방식으로 정리하다 보면 27~28쪽의 I 부장의 지시에는 말로 이것저것 자세하게 늘어놓은 것 같지만 사실은 명확한 정보가 거의 없다는 것을 알 수 있다.

이렇듯 업무 중 받은 지시사항에는 대부분 '부족한 정보'와 '애매한 정보'가 포함되어 있다. 그래서 정보는 실제로 실행하기 전에 표로 파악하는 것이 중요하다.

표로 만들기만 해도 효율이 높아지는 이유

왜 이러한 정보를 표로 정리해야 할까?

예제로 다루고 있는 I 부장의 지시는 다시 봐도 애매하고 정보가 부족하다. 이러한 지시라면 '지금까지 업무에서 표를 사용한 적이 없는' 분들도 정보가 부족하다고 느낄 것이다. 그렇게 되면 "애매한 정보와 부족한 정보를 파악하기 위해 구태여 표를 만들 필요는 없지 않나요?"라고 생각하는 분들도 있을 것이다. 하지만 그건 잘못된 생각이다.

일부러 리스트를 만들어 시각화하는 것이 매우 중요하다. 왜냐하면 우리는 어떠한 정보를 얻으면 곧바로 실행하려는 경향이 있기 때문이다.

실제로 나름의 경험을 쌓아온 사람이라면 애매하거나 정보가 부족해도 어느 정도 일을 진행할 수 있다.

그렇다 보니 지금 당장 손안에 있는 정보만으로 일을 진행하다 불명확한 부분에 부딪히게 되면 일일이 확인하거나 제멋대로 판단하고 짐작만으로 결정하게 된다.

일일이 확인하다 보면 그때마다 관계자와 논의해야 하는 만큼 시간도 오래 걸린다.

또는 제멋대로 판단하고 짐작만으로 진행하면 '내 마음대로 판단하고 있구나', '나 혼자 결정하고 있구나'라는 자각조차 하지 못한다.

그렇게 되면 원래 지시사항에서 벗어나게 되고 방향마저 틀어져 결국 처음으로 돌아가 다시 시작하게 되기 쉽다. 이렇게 시간과 노력을 점점 낭비하게 된다.

이러한 사태에 빠지지 않도록 지시를 받았다면 5W1H 표를 만들어 불명확한 점과 의문점을 파악해야 한다. 리스트를 만들면 '전달받은 내용에 부족한 점이 있는지·없는지'를 판단할 수 있는 시각이 생긴다.

일을 빠르게 진행하는 사람만이 가지고 있는 이 '시각'

전달받은 내용에 부족한 점이 있는지·없는지를 판단하는 시각은 이번처럼 지시사항을 바탕으로 기획을 만드는 상황 외에 단순 업무를 지시받아 진행하는 간단한 경우에도 매우 유용하게 쓸 수 있다.

이미 결정된 부분, 지시한 사람이 생각하고 있는 부분과 모르는 부분, 확인이 필요한 부분, 아직 결정되지 않은 부분, 앞으로 내가 제안해야 할 부분을 확실하게 구별하는 것. 이것은 업무를 빠르고 효율적으로, 또한 기대치를 뛰어넘는 결과를 만드는데 필요한 프로세스이다.

모르는 부분을 표로 명확하게 만들기만 해도 손실이 줄어든다

	확실하다	확실하지 않다
결정된 부분· 아는 부분	어느 정도의 방향성과 무엇을 어디까지 해야 하는지를 알기 때문에 자신감 있게 진행할 수 있다	어느 정도 진행한 상태에서 전제조건을 충족시키지 못하는 등의 근본적인 잘못이 발견되어 처음부터 다시 진행해야 하는 경우도 있다
아직 결정되지 않은 부분· 모르는 부분	결정해야 하는 것을 정확하게 결정하기 위한 준비를 할 수 있다 자신만의 제안을 만들 수 있다	실무자의 짐작이나 독단으로 일을 진행해 지시자의 기대에 어긋난 결과로 이어지는 경향이 있다

5W1H는 추가해도 되지만 삭제해서는 안 된다

5W1H만으로 부족할 때는?

지금까지 주어진 정보를 정리해 5W1H 표를 채웠다. 다만 5W1H의 6개 항목만으로 정보가 충분하다고는 할 수 없다.

예를 들어 지방자치단체에서 연수를 진행할 때는 행사기획을 테마로 다음과 같은 표를 채운다.

이케다 세미나 업무용 5W1H 표 양식

대항목	소항목	내용	메모
목적	우리		
	지역		
	회사·그룹		
내용	개요		
	사용기자재		
관계자	주최		
	협력사		
	참가대상자		
	규모		

시기	공지시기		
	행사일자		
장소	개최장소		
운용	모객		
	예산충당		
	비용		
	당일운용		

5W1H 표라고 했지만, 이 표는 16개 항목을 작성해야만 완성할 수 있다.

자세히 보면 각각의 소항목을 묶은 대항목(목적: Why, 내용: What, 관계자: Who, 시기: When, 장소: Where, 운용: How)이 5W1H 자체라는 것을 알 수 있다.

이처럼 대항목에 5W1H를 쓰고 하위목록에 소항목을 만들면 완전한 정보를 쉽게 작성할 수 있다.

계속해서 사례로 다루고 있는 I 부장의 지시사항으로 예를 들면 'Who'에 해당하는 복수의 정보를 확인할 수 있다. '전국에서 100명 이상의 체험단', '대행사나 광고회사', '한정 인플루언서'도 Who이다.

이 경우에는 Who의 항목을 더욱 세분화해 다음과 같이 만들 수 있다.

대항목	소항목	내용	메모
Who	주체	당사	
	협력	대행사·광고회사	협력사의 역할은?
	참가대상자	'한정 인플루언서'	

5W1H 표에서 모든 내용을 생각하기 위한 포인트는 5W1H 의 요소를 축으로 점점 세분화하거나 분기시켜 생각하는 데 있다. 이렇게 생각하다 보면 더욱 촘촘하게, 빠짐없이 사고하기 위한 표가 완성된다.

시험 삼아 I 부장의 사례를 이케다 세미나 업무용으로 세분화한 5W1H 표로 만들어 보는 것도 좋다. 그렇게 해보면 'Who: 관계자'는 처음부터 '주최', '협력사', '참가대상자', '규모'로 나뉜다. 이 칸을 채우면 어떤 항목을 명확히 해야 하는지 바로 알 수 있다.

추가로 정보를 수집할 때도 세분화한 표를 갖고 있으면 '대화 중에 언급되지 않았던 부분'을 적극적으로 물어볼 수 있다. 만약 I 부장의 의견을 듣던 중 '운영 협력'에 관한 내용이 언급되지 않으면 당신이 먼저 질문할 수 있다.

어떤 표를 만들고, 빈칸을 채워야 더욱 목적에 가까운 형태로 정보를 수집할 수 있을까? 이 부분은 여러분 개개인의 업무에 맞춰 고민해보길 바란다.

우선 간단한 5W1H 표를 만든 다음 하위항목에 있으면 더욱 편리한 것, 생각하기 쉬운 것을 추가해 당신만의 5W1H 표 양식을 만들어 봐도 좋겠다.

없어도 알잖아,
나한테는 필요 없다는 생각의 함정

5W1H 표는 항목을 세분화해서 늘려도 좋다. 하지만 마음대로 항목을 줄여서는 안 된다. 어떠한 형태든 5W1H 전체를 작성해야 한다.

아무리 이렇게 말해도 막상 표를 만들다 보면 제멋대로 항목을 줄이는 사람이 있다. 그 사람들에게 이유를 물어보니 그 이유에는 어떠한 경향이 있다는 것을 알 수 있다.

당연한 것이라서

마음대로 항목을 삭제한 이유를 물었을 때 가장 많이 돌아온 답변은 "이건 너무 당연해서 작성하지 않아도 알거든요"였다.

예를 들어 향후 개최 예정인 사내 행사 관련 표를 작성한다고 치자. 이 회사는 매번 사내 행사를 세미나실에서 실시했다. 이번에도 마찬가지로 세미나실에서 진행할 예정이다. 이때 '매번 같은 장소에서 실시하기 때문에 작성할 필요 없다'라는 이유로 칸 자체를 삭제해서는 안 된다. 5W1H 표에는 반드시 장소 칸을 만들고 '세미나실'이라고 적어야 한다.

왜 당연한 것도 써야 할까? 그것은 사람마다 당연하게 생각하는 것이 다르기 때문이다. 게다가 생략하면 검토할 기회마저 잃게 된다.

하나의 조직 안에서도 근속연수가 다르면 사람에 따라 경험치나 암묵적인 이해가 달라진다. 이러한 당연함의 차이를 모른 채 업무를 진행하는 것은 문제의 온상이 되고 큰 기회손실로도 이어진다.

자신이 당연하다고 생각하는 것을 모르는 사람이 있을 수도 있다. 빠짐없이 정보를 정리하고 공유하기 위해서는 5W1H에서 당연한 것도 함부로 지워서는 안 된다.

또한 '애초에 그것이 정말로 당연한 것인가?'라는 근본적인 문제 제기도 있다. 이번 사내 행사처럼 '매번 세미나실에서 개최하니까 이번에도 그곳에서'라는 식으로 정했다면 그것이 정말로 최선의 선택이었는지 알 수 없다. 행사 내용에 따라 다른 장소를 빌리는 편이 나은 경우도 있다.

다시 한번 표에 작성하면 '최적의 장소는 정말 세미나실일까?'라고 검토할 수 있는 토대가 만들어진다.

한 가지 더 덧붙이면 '세미나실에서 실시하는 것이 당연해'라는 생각을 전제로 기획을 하다 보면 자신도 모르는 사이에 '세미나실에서만 할 수 있는 행사'라는 제약이 생긴다. 제약이 생기면 아이디어의 폭이 좁아진다.

'행사 목적에 따라 장소를 바꾼다'라는 전제를 잃지 않기 위해서라도 표에 '장소' 칸은 반드시 남겨둔다.

쓰지 않아도 아는 것이라서, 없어도 된다고 생각해서

'쓰지 않아도 아는 것'이라서라는 답변도 많은 사람이 마음대로 항목을 지우는 이유 중 하나다.

내가 평소에 기업이나 지자체에서 세미나를 실시할 때 반드시 하는 게임이 있다. 참가자를 5명씩 팀으로 나누어서 하는 수수께끼 게임이다. 각 팀의 구성원은 각각 정보A, 정보B, 정보C, 정보D, 정보E 중 1개의 정보만 받는다. 알파벳 정보를 줄 수 있는 사람은 팀 내에서 자신뿐. 정보를 일정한 규칙 아래에 팀원에게 공유했을 때 비로소 정답에 도달하는 구조이다.

일정한 규칙이란 '지정된 팀원하고만 정보를 주고받아야 한다', '말을 해서는 안 된다. 전달하고 싶은 내용은 직접 종이에 작성한다'이다. A~E의 정보가 모두 적절하게 공유된다면 반드시 5분 안에 정답을 도출해 낼 수 있는 간단한 게임이지만 정답을 맞히는 팀은 대개 절반에 불과하다.

왜 많은 팀이 정답에 도달하지 못하는 걸까? 그 이유는 팀 내의 누군가가 '이 정보는 필요 없어'라며 삭제하거나 '한 글자 정도 빠져도 충분히 전달될 거야'라며 생략하기 때문이다. 게임속 이야기지만 실제 업무에서도 똑같은 일이 벌어지고 있다.

불필요한 정보라고 생각했다, 말하지 않아도 알 거라고 생각했다, 효율을 위해서라는 말은 5W1H를 표에서 삭제해도 되는 이유가 될 수 없다.

의미를 몰라서,
전해야 할 필요가 없다고 생각해서

또 하나 '하잘것없다'라는 이유로 항목을 지우는 사람도 있다.

앞에서 소개한 수수께끼 게임에는 사실 수수께끼를 풀기 위한 중요한 포인트가 있는데, 그것만으로는 의미를 깨닫기 어려운 정보가 여러 개 포함되어 있다.

모든 정보를 모았을 때 비로소 해당 정보가 수수께끼를 푸는 열쇠가 되지만 정보만 따로따로 놓고 보면 의미를 파악하기 어렵다. 이러한 정보는 대부분 공유되지 않고, 결과적으로 팀은 중요한 열쇠가 되는 정보 없이 게임을 진행하게 된다.

이런 일은 비즈니스상에서도 흔하게 벌어진다. 사실 열쇠가 되는 정보를 가진 사원이나 구성원이 있음에도 불구하고 제대로 공유되지 않는다.

그로 인해 결재권자는 결정하지 못한 채 기회를 놓치거나 감이나 느낌만으로 결정해야 한다. 이렇게 되면 성공률이 떨어지는 건 불 보듯 뻔하다.

이렇듯 실제로 중요한 정보가 전달되지 않는 사태를 방지하기 위해 5W1H의 모든 항목은 임의로 삭제하지 말고 반드시 남겨두어야 한다. 당연한 것이라도 기록하는 것이 필수다.

부족한 부분을 찾는 것은
작성된 실수를 발견하는 것보다 훨씬 더 어렵다

항목 삭제에 대해 다음과 같이 생각하는 사람도 있다.

"삭제하더라도 정말 중요한 문제라면 결국 재검토하게 되겠죠. 딱히 큰 문제가 되지는 않을 것 같은데요", "부정확한 요소를 쓰면 오히려 혼란을 초래하지 않을까요? 그럴 바에야 차라리 없는 편이 좋지 않을까요?"

하지만 이건 잘못된 생각이다. 일단 삭제하고 나면 사람은 신기할 정도로 그 시점을 잃어버리기 때문이다. 작성된 내용이 맞고 틀리고를 검토하는 것보다 '처음부터 쓰여 있지 않은 것'을 알아차리는 것이 더 어렵다.

예전에 친구에게 날짜와 시간이 빠진 결혼식 청첩장을 받은 적이 있다. 서둘러 어떻게 된 일인지 확인해보니 직접 청첩장을 만들다가 실수로 일정을 지우게 됐고 이런 상황을 모른 채 발송하게 된 것이다. 모든 사람에게 '날짜와 시간이 없는' 청첩장을 보낸 것인지, 다시 보낼 테니 기존의 청첩장은 버려달라는 연락을 받았다. 청첩장을 받은 사람은 '날짜와 시간이

빠진 결혼식 청첩장이라니 말도 안 돼'라고 생각할 것이다. 친구 부부가 시행착오를 거쳐 가며, 손으로 직접 쓴 메시지가 아주 멋진 청첩장이었다. 그런데 생각지도 못한 그런 실수를 저지르다니 본인들도 매우 놀랐을 것이다. 차라리 날짜가 '14월 35일(토) 33시~'처럼 아예 말도 안 되는 숫자로 쓰여 있었다면 발송하기 전에 실수를 알아차렸을 것이다.

원래 적혀 있어야 할 것이 적혀 있지 않는 사태를 방지한다. 이를 위해서도 모든 내용을 생각하기, 즉 5W1H 요소를 작성한 후 마음대로 삭제하지 않는 것이 중요하다.

정보의 정리만으로는
표를 채우지 못하기도 한다

5W1H 표를 채우지 못할 때(단, 메모 칸은 빈칸이어도 된다)는 어떻게 해야 할까? 이번처럼 채우긴 했지만 물음표가 가득할 때는 가장 먼저 무엇을 해야 좋을까? 표를 채우지 못하거나 물음표가 가득한 이유는 크게 두 가지를 떠올릴 수 있다.

첫 번째는 정보수집이 부족한 경우다.

지시자의 머릿속에 훨씬 더 자세한 정보와 요청사항이 있음에도 불구하고 듣지 못했을 경우가 있는가 하면, 지시자 본인은 정보를 갖고 있지 않으면서 정보가 있다는 사실만 알고 '이 부분에 대해서는 J 부장에게 물어봐'처럼 지시만 받는 경우도 있다.

여기서 모은 정보란 바꿔 말해 앞으로 진행할 기획안의 전제가 될 조건이자 반드시 파악해야 할 요소다.

예를 들어 I 부장은 '인플루언서와 협력관계를 구축하기 위한 제품 체험단 기획'을 지시하면서 설명에는 '제품 체험단' 요소를 빠뜨렸다. 그렇기 때문에 당신이 만약 '인플루언서 대상 사은품 증정 기획'을 제안한다면 받아들여지지 않을 것이다.

이러한 근본적인 정보수집의 부족은 2장 131쪽에서 소개하는 '보고·연락·상의' 방법이나 4장 197쪽의 '포석'으로 어느 정도 해결할 수 있다.

두 번째는 당신의 아이디어나 생각을 추가해야 하는 경우다. 이번 I 부장의 사례에서 I 부장은 당신에게 지시한 것 이상의 그림을 그리고 있지 않다. 그렇게 되면 표의 물음표 부분도 새로운 안(시안)으로 작성해서 제안해야 한다.

다만, 단순히 떠오르는 대로만 작성해서는 시안이 만들어지지 않는다. 제안에는 어떠한 근거와 일관성이 필요하다.

여기서 등장하는 것이 앞에서 소개한 두 번째 표인 '효과분석표'이다.

서둘러 이 물음표 가득한 표에서 기획안을 만드는 단계로 넘어가 보자.

표로 기획안을
생각하다

표 안의 물음표와 빈칸을 어떻게 할 것인가?

다음 쪽의 표처럼 표로 만든 시점에서 명확하게 알게 된 부분은 'Why: 목적'과 'What: 개요'뿐이다.

여기에서 물음표 부분(혹은 빈칸 부분)에 대한 내용을 정리해보자.

아직 결정되지 않은 사항은 'Who: 관계자, Where: 장소, When: 시기, How: 세부내용'이다. 그렇다면 이 중에서 무엇부터 생각하면 좋을까?

42쪽 표를 다시 보면

항목		내용	메모 (의문점 및 고려사항)
Why	목적	'한정 인플루언서'를 통해 신제품을 소개하고, 홍보 활동을 통한 차별화된 상품설명과 정보전달로 상품의 판매활동 강화	
What	개요	행사: 한정된 인원만 참여할 수 있는 신제품 체험단 홍보 활동: 행사 후 홍보 활동 촉진	
Who	관계자	주체: 당사 협력: 광고회사? 대행사? 인플루언서: 총 100명 이상= 각 ??명×개최장소	협력사의 역할은?
Where	장소	도쿄+그 외? 몇 군데?	
When	시기	행사: 가능한 한 빨리 홍보 활동: 가능한 한 빨리	
How	세부내용	행사: 각지에서 장소를 빌려 1일 행사로 아래 내용을 실시 ・상품체험 ・특징설명 ・홍보에 관련한 활동방법 홍보 활동: 인플루언서를 활용한 오프라인 모임, SNS 업로드 등 ・오프라인 모임의 빈도, 선물 전체비용: ? 판촉효과: ?	대상 제품, 내용을 자세히 조사

색칠한 글씨: 애매한 부분

기획의도를 더욱 명확하게 만드는 포인트

생각하는 순서에는 정답과 오답이 없다. 기획자(또는 지시자)의 생각과 의도에 맞춰 혹은 그 기획의 자유성을 고려해 생각하기 쉬운 순서로 결정한다.

예를 들어 'PCR 검사 센터' 설립을 준비할 때 나는 가장 먼저 표의 'When: 시기'부터 생각했다. 그 이유는 빠르게 진행하는 것이 일본 사회와 경제에 가장 중요하다고 생각했기 때문이다.

또 도호쿠 3개 현의 재해 지역 초중생을 대상으로, 스포츠 중심의 활동을 통해 꿈과 희망이 생기는 계기가 되길 바라며 기획한 '소프트뱅크 도호쿠 키즈나 컵(농구·야구·축구·자전거·탁구·합주부 등으로 구성. 프로 경기나 연습 때 사용하는 경기장을 이용해 평소에 만날 기회가 없는 친구들과의 친선경기 및 유명 선수와의 교류, 큰 무대 위에서 연주 등 특별한 체험을 할 수 있는 대회)'은 'Where: 장소'와 'Who: 관계자'부터 생각했다.

이 기획을 제안하게 된 계기가 '재해지에서는 피난 생활로 인해 초등학교나 중학교 커뮤니티가 끊어져 동아리 시합을 통한 교류의 기회마저 잃게 된다'라는 사실을 알게 되었기 때문이다. 이 과제만큼은 필연적으로 '도호쿠 3개 현에서', '초중생을 대상으로'부터 결정했다.

이처럼 어디부터 살펴볼 것인가는 생각하기에 달려 있고 때로는 복수의 항목이 한 번에 결정되기도 한다.

이러한 전제를 바탕으로 체험단 기획을 살펴보자.

우선 곳곳에 물음표가 남아 있고 자율성이 상당히 높은 기획임을 알 수 있다. 즉 특정 항목부터 생각해야만 I 부장의 지시사항을 달성할 수 있는 것도, 특정 항목에 성공 여부가 달린 것도 아니다.

I 부장은 지시사항 속에서 '특별', '한정'이라는 단어를 사용했다. 그래서 기획자인 '나'는 행사 내용을 더욱 좋게 만드는 방법부터 생각하기로 했다.

내 방식대로 표를 채워 시안을 만든다

앞에서 이야기한 것처럼 I 부장의 지시를 받은 기획자 '나'는 이번 기획의 목적 "한정 인플루언서를 통해 신제품을 소개하고, 홍보 활동을 통한 차별화된 상품설명과 정보전달로 상품의 판매활동 강화"하기 위한 좋은 행사는 어떤 것인지 'How: 세부내용'을 생각해보기로 했다.

다음은 '내'가 생각한 내용이다. 형광펜 부분이 '내' 아이디어다.

'내'가 생각한 체험단·홍보 활동 안

항목		내용	메모 (의문점 및 고려사항)
Why	목적	당사의 주력상품 A로 '한정 인플루언서'를 통해 신제품을 소개하고, 홍보 활동을 통한 차별화된 상품설명과 정보전달로 상품의 판매활동 강화	
What	개요	행사: 한정된 인원만 참여할 수 있는 신제품 체험단 홍보 활동: 행사 후 홍보 활동 촉진	
Who	관계자	주체: 당사 협력: 광고회사 서포터+PR 　　　대행사 기자재 준비 인플루언서: 일반 참가자 총 100명 이상=각 ??명×개최장소	
Where	장소	도쿄+그 외? 몇 군데?	
When	시기	행사: 가능한 한 빨리 홍보 활동: 가능한 한 빨리	
How	세부내용	행사: 각지에서 장소를 빌려 1일 행사로 아래 내용을 실시 ・상품전시, 설명패널 설치, 자유롭게 　출입가능 홍보 활동: 인플루언서를 활용한 오프라인 모임, SNS 업로드 등 ・주변 사람들에게 소개, SNS 업로드, 　상품권 5,000엔 전체비용: 도쿄 300만 엔(장소 100만 엔+운영 100만 엔+설비 100만 엔) 판촉효과: ?	(A 쇼핑몰 특별전시장 **평 정도)

색칠한 글씨: 애매한 부분　　　　　: '내' 아이디어

형광펜을 칠한 곳의 사고 프로세스를 더듬어 보겠다.

'행사'와 '홍보 활동' 중 먼저 행사, 즉 체험단부터 생각하기로 했다.

우선 대상 제품이다. 다양한 상품을 전시하고 체험하게 하는 것보다 '주력상품 A'만으로 제품군을 좁히는 편이 체험단 행사에 더 좋은 인상을 남길 것으로 생각했다.

주력상품 A는 지금까지 자사 고객들에게 좋은 평가를 받았던 기능을 담고 있는 데다 디자인의 디테일한 부분까지 신경 쓴 제품이다. 체험행사에 온 사람들에게 제품의 기능과 특징을 효과적으로 전달하기 위해서는 아무래도 제품을 직접 만져 보는 게 좋다.

그래서 상품을 전시하는 것뿐만 아니라 자유롭게 만져볼 수 있는 부스를 만들기로 했다. 눈으로 보고 만져도 알기 어려운 몇 가지 기능은 패널을 제작해 설명을 추가하면 체험객들이 쉽게 이해할 수 있다.

가능한 한 많은 사람이 체험할 수 있도록 장소 자체는 자유롭게 출입할 수 있어야 하고, 아침 9시부터 저녁 6시까지 편하게 방문할 수 있는 형태여야 한다. 이러한 조건을 고려해 쇼핑몰 특별전시장을 빌려 쇼핑하러 온 사람 중에서 참가 희망자를 모집하기로 했다.

장소는 'A 쇼핑몰 특별전시장'으로 '**평 정도면 괜찮지 않을까?', '장소 대관비는 100만 엔 정도면 되겠지?'라고 예상했다.

운영 자체는 자사 직원들이 진행하고, 대행사에는 기자재 준비를, 판매대리점에는 행사인원과 운영업무를 지원받으면 더욱 원활하게 진행될 것이다.

이로써 행사의 전체적인 모습이 보이기 시작했다.

이어서 '홍보 활동'이다. 체험행사에서 사은품 증정 소문내기 이벤트를 실시하면 체험단 이후에도 홍보 활동으로도 이어질 것이다.

이를 위해서는 소문내기 이벤트의 상세자료와 사은품을 준비해야 한다. 체험단 이후 1년 이내에 베스트 리뷰를 올려 준 사람에게는 5,000엔 상당의 상품권을 지급하는 등 적극적으로 참여를 유도한다.

이렇게 쓰다 보니 마치 '내'가 이 행사의 대부분을 '마음대로 결정하고 있다'라고 생각하는 사람도 있을 것이다. 하지만 여기서 적은 내용은 어디까지나 '시안'이다. 지시자인 I 부장에게 보고하고, 실제 내용으로 채워나가기 위한 시안으로 단순한 아이디어에 가깝다.

실제 업무에서 표를 만들 때는 이러한 흐름으로 의견을 물어볼 부분은 색깔을 바꾸는 등 결정사항과 구별하기를 추천한다.

흠잡을 데 없는 완벽한 기획안 만들기
보다도 중요한 것

"번거롭게 돌려 말하지 말고, 표로 정보를 정리한 단계에서 I 부장에게 상의하는 게 빠르지 않을까요?"

어쩌면 이렇게 생각하는 사람이 있을지도 모른다. 그것은 잘못된 생각이다.

아니, I 부장의 지시사항에 특별한 기획요소가 없고 단순히 전달받은 대로 진행해야 한다면 표로 정보를 정리한 시점에서 부족한 정보를 다시 확인해야 하는 것이 맞다.

그런데 이번 지시사항에는 어느 정도의 기획요소가 포함되어 있다. 표의 빈칸이나 물음표 부분을 I 부장이 사전에 결정한 것도 아니라 말하자면 아무도 정답을 갖고 있지 않은 상태다.

이런 상황에서 단순히 정보만 정리한 내용을 가져간다면 I 부장은 "머리를 조금 써봐!"라고 할 것이다. I 부장이 친절한 사람이라면 "스스로 생각해보고 최선이라고 생각하는 안을 가져 오세요!"라고 말할지도 모른다.

실제로 정보만 정리한 표를 가지고 가면 '부장의 의향을 떠본다'라는 부장이 결정해주길 바라는 의도가 훤히 보이는, 책임을 떠넘기려는 사고가 작동한다.

이런 식으로 결정할 때도 있지만, I 부장이 우수한 직장인이

더라도 갑자기 표를 들이대며 "이 부분은 어떻게 할까요?"라는 질문을 받으면 논리적으로 사고하기 어렵다. 그 자리에서 아무 근거 없이 결정을 내려야 하는데 그렇게 만든 기획은 이도 저도 아닌 기획이 될 것이 분명하다.

이렇게 부장이 결정해 준, 허술한 기획이 완성되면 부하로서는 그 이상 아무것도 할 수 없다.

부장이 결정해 준 이상 부족한 점을 발견하더라도 그때는 이미 다른 의견을 제시하기 어려운 상태가 된다. '이 기획으로 목적을 달성할 수 있을까?'라는 의문이 들어도 이미 때를 놓친 후가 된다.

이런 일이 발생하지 않도록 자기의 생각이 담긴 '시안'을 만들어야 한다. 이때는 최대한 증거가 될만한 데이터와 왜 이런 제안을 하게 됐는지 보여줄 수 있는 객관적 자료(=효과분석표)를 작성한다. 그다음에 I 부장과 상의하고, 수정을 거듭하다 보면 더 좋은 기획이 완성된다.

기획안의 목표는 흠잡을 데 없는 완벽한 기획을 자신의 힘으로 만드는 것이 아니다. 자신보다 우수한 사람(여기서는 I 부장)의 지혜를 빌려 표의 '목적'을 더 좋은 형태로 완성하는 데 있다. 이 과정에서 '의견을 묻는' 프로세스가 필요하다.

의견을 물으면 아이디어 자체가 갈고 닦일 뿐만 아니라 자신의 기획력도 향상된다. '의견을 묻는 것=나쁜 것'이라고 생각하지 말고 부디 시도해보길 바란다.

5W1H 표는 몇 장이든 만든다

그런데 '나'는 61쪽처럼 대략 표를 채웠지만 '왜 이 기획이어야 하는가?'에 대한 객관적인 자료를 모으지 않았다. I 부장이 중요하게 여긴 '특별', '한정'을 놓치고 있다는 사실도 인지하지 못했다.

그래서 다른 건의 미팅 자리에서 I 부장에게 "저번에 말씀하셨던 체험단 말인데요. 감이 잘 잡히지 않아서……"라고 의견을 구하자 "그럼 마케팅팀이랑 이야기해보는 건 어때?"라는 조언이 돌아왔다. 서둘러 마케팅팀 직원(여기서는 M 사원이라고 하겠다)과 회의를 잡았다.

표를 바탕으로 지금까지의 아이디어를 설명하자 M 사원의 반응은 역시나 뜨뜻미지근했다. 게다가 다음과 같은 지적이 돌아왔다.

- 이 기획안에는 특별하다거나 한정적인 느낌이 없다.
- 기존에 진행하던 체험단과 비슷해 새로운 기획이라고 할 수 없다.

그렇다면 어떻게 해야 '특별'하고 '한정'적인 느낌을 낼 수 있나요? 이 질문에 대해서도 몇 가지 조언을 받았다.

- A제품에 주력하는 것은 찬성. 다만 A제품의 다섯 가지 특징을 단 한 번의 체험으로 전부 알기는 어렵지 않을까.

- 유명인사를 초대해 A제품을 실제로 사용하게 한 후 상품의 특징을 체험담과 함께 들어볼 수 있는 자리를 마련하는 건 어떨까.
- 상품의 기능을 살린 게임을 만드는 건 어떨까.
- 행사시간은 3시간으로 정하면 어떨까.
- 대상을 영향력 있는 인플루언서로 정하고, 각 연령대에서 관심이 많은 사람 10명씩, 남녀혼합으로 부르는 건 어떨까. 이후 소규모 오프라인 모임을 진행하게 하고 리뷰를 업로드하게 하면 어떨까.
- 보상은 할인쿠폰 등 해당 제품과 관련된 곳에서 사용할 수 있게 하는 건 어떨까.
- 홍보에 도움을 준 사람에게 A제품을 선물하고, 다음 신제품을 우선적으로 체험할 수 있게 하는 건 어떨까. 기준은 오프라인 모임 참가횟수, SNS 업로드 빈도와 횟수로 정하는 건 어떨까.
- 이후 홍보 활동에 대해서 확실히 설명하는 시간을 갖는 것이 좋지 않을까.

　

M 사원의 조언은 내가 생각한 안보다 '특별'하면서 '한정'적인 느낌이 두드러졌다. 그래서 M 사원의 조언을 바탕으로 다시 한번 5W1H 표를 만들었다.

M 사원의 의견을 바탕으로 생각한 체험단·홍보 활동 안

항목		내용	메모 (의문점 및 고려사항)
Why	목적	당사의 주력상품 A로 '한정 인플루언서'를 통해 신제품을 소개하고, 홍보 활동을 통한 차별화된 상품설명과 정보전달로 상품의 판매활동 강화	
What	개요	행사: 한정된 인원만 참여할 수 있는 신제품 체험단 홍보 활동: 행사 후 홍보 활동 촉진	
Who	관계자	주체: 당사 협력: 광고회사 서포터+PR 　　　광고대행사 기획 운영 인플루언서: 수십 명(학생, 20대, 30대, 40대, 50대 이상 각 10명 이내 인원, 남녀혼합) 총 100명 이상= 각 ??명×개최장소 유명인사?	
Where	장소	도쿄+그 외? 몇 군데?	
When	시기	**행사**: 가능한 한 빨리 **홍보 활동**: 가능한 한 빨리	
How	세부내용	행사: 각지에서 장소를 빌려 3시간 행사로 아래 내용을 실시 · 특징설명과 유명인사의 체험담 · A제품 체험과 게임을 통한 체험 · 홍보에 관련한 활동방법 설명 홍보 활동: 인플루언서 오프라인 모임, SNS 업로드 등	3시간= 오프닝·설명 30분 체험 45분 게임 60분 홍보 45분 등등?

| | • 오프라인 모임 연 8회 이상, SNS 75건 업로드(주 1~2회) 이상→A제품 무료, 다음 신제품 우선 체험 전체비용: 도쿄 800만 엔(장소 300만 엔+운영 300만 엔+설비 200만 엔) 판촉효과: ? | (B홀 **평 정도) |

색칠한 글씨: 애매한 부분 ▆▆▆: '내' 아이디어 ▆▆▆: M 사원의 아이디어

5W1H 표에 작성할 내용은 예를 들어 행사시간을 '3시간으로 할 것인가, 4시간으로 할 것인가?', '오프라인 모임은 몇 회, SNS 업로드는 몇 번으로 할 것인가?' 등 이 단계에서 효과분석표를 이용해 검토하면 더욱 퀄리티를 높일 수 있다.

다만, 아직 커다란 방향성이 결정되지 않은 단계에서 세세한 부분을 채우면 해야 할 일이 많아져 시간만 더 들게 된다. 그래서 이때는 커다란 방향성을 결정하기 위해서라고 이해하고 잠정적인 내용만 적어둔다.

실제 기획으로 제안하기로 한 후에 자세한 내용은 채우면 된다.

표로 아이디어의 우열을 가린다

효과분석표: 3점 만점으로 평가해 비교 검토한다

똑같은 기획을 두 장의 5W1H 표로 만들었다. 어느 안이 이번 기획의 목적(Why)에 더 가깝다고 할 수 있을까? 효과분석표를 사용해 두 가지 기획안을 비교해보도록 하겠다.

먼저 세로축이다. 세로축에는 선택지, 이 경우에는 내 기획안과 마케팅팀 M 사원의 기획안이 들어간다.

효과분석표로 어느 기획안이 더 좋은지 검토한다

	종합평가			
내 기획안 자유참가+체험				
마케팅팀 M 사원의 기획안 유명인사 체험담+게임				

그렇다면 가로축에는 무엇이 들어갈까? 가로축에는 판단에 중요한 포인트가 들어간다. 당신은 I 부장의 지시와 마케팅팀의 조언을 통해 이번 기획에서 다음의 세 가지가 중요하다고

느꼈다.

- 체험만으로 전달하기 어려운 A제품의 차별요소를 이해
  시킬 수 있는가?
- 방문객이 인플루언서의 역할을 하고 싶을 정도로 체험단
  에 '특별함'이 있는가?
- 비용대비 효과는 어떠한가?

이 세 가지를 바탕으로 가로축에는 이해도, 특별함, 비용 항
목을 넣는 것이 적합하다.

가로축에는 목적달성에 필요한 평가 포인트를 넣는다

	종합평가	이해도	특별함	비용
내 기획안 자유참가+체험				
마케팅팀 M 사원의 기획안 유명인사 체험담+게임				

이로써 효과분석표의 윤곽이 완성되었다. 이번 사례에서는
가로축에 세 가지 항목을 선택했지만, 그 외의 중요한 포인트
가 있다면 열을 추가한다.

효과분석표는 세로로 채운다

틀을 만들었다면 종합평가 이외의 열에 각각 3점 만점으로 평가점수를 매긴다.

이때 가능한 한 객관적인 시점으로 판단하기 위해서는 표를 세로로 보며 숫자 채우기를 추천한다.

표는 세로로 본다

	종합평가	이해도	특별함	비용
내 기획안 자유참가+체험		↕	↕	↕
마케팅팀 **M 사원의 기획안** 유명인사 체험담+게임		↕	↕	↕

예를 들어 '이해도' 부분에서 뛰어난 기획은 '마케팅팀 M 사원의 기획안'이다. 그렇다면 이 칸에 '3'이라고 적는다. '내 기획안'은 이렇다 할 이해를 얻지 못했으니 '1'을 적는 방식이다.

이런 방식으로 생각하면 점수의 근거를 제시해야 할 때 "유명인사의 체험담과 게임은 단순히 제품을 전시하고 직접 만져보는 것보다 이해도를 높일 수 있습니다"라고 비교 과정을 설명할 수 있다.

표 안에 이 점수를 준 이유를 간단하게 메모해 두면 재검토할 때나 프레젠테이션에서 활용할 때 사용하기 편리하다. 더욱이 섬세하게 검토해야 할 사항이라면 전문가, 제삼자의 평가 혹은 리서치 등의 데이터를 활용해 평가하면 객관성을 유지할 수 있다. 제삼자의 평가, 데이터에 관한 내용도 함께 메모해두면 자료작성이나 프레젠테이션할 때 유용하다.

몇 개 안의 평가점수가 동일하다면 세로축에 같은 점수를 매겨도 되지만, 4~5개 안을 비교한다면 5점 만점으로 평가해 가능한 숫자가 겹치지 않도록 검토해야 나중에 표를 사용하기 쉽다.

한편 표를 가로로 보면서 '마케팅팀 M 사원의 기획안은 이해도 3점, 특별함 3점…'이라고 평가해서는 안 된다. 무의식적으로 마음에 든 기획안에 높은 점수를 주려는 경향이 있기 때문이다. 점수의 근거를 설명할 때 주관적인 설명밖에 할 수 없게 되므로 주의해야 한다.

이쯤에서 체험단 예로 돌아가 표를 채워보자.

'특별함' 부문 점수는 유명인사를 초대하고 게임 형태로 체험할 수 있는 마케팅팀 M 사원의 기획안이 3점이다. 한편 쇼핑몰에서 쇼핑 중에 잠시 들리는 내 기획안은 1점이다.

비용대비 효과 면에서는 어떨까? 효과는 바로 알기 어려우므로 이번에는 '비용'에 대해서만 알아보겠다. 유명인사를 초대하고 게임을 할 수 있는 장소를 빌리려면 아무래도 비용이 발생하게 된다. 5W1H 표 작성 시점에서 어림잡아 마케팅팀 M 사원의 기획안은 800만 엔이다. 내 기획안은 300만 엔이므로 마케팅팀 M 사원의 기획안은 1점, 내 기획안은 3점이다.

점수의 근거가 되는 정보를 최대한 메모한다

	종합평가	이해도	특별함	비용
내 기획안 자유참가+체험		1	1	3 300만 엔
마케팅팀 M 사원의 기획안 유명인사 체험담+게임		3	3	1 800만 엔

점수를 모두 채웠다면 이제는 숫자를 가로로 더해 종합평가를 계산한다. 내가 만든 안은 합계 5점, 마케팅팀 M 사원의 기획안은 합계 7점이다.

나중에 보고 비교 포인트를 알 수 있게 표 위에 '전제하거나 평가해야 할 포인트'를 정리해 둔다.

행사는 마케팅팀 M 사원의 기획안이 더 좋다

전제 및 평가해야 할 포인트

· 체험만으로 전달하기 어려운 A제품의 차별요소를 이해시킬 수 있는가?

· 방문객이 인플루언서의 역할을 하고 싶을 정도로 체험단에 '특별함'이 있는가?

· 비용대비 효과는 어떠한가?

	종합평가	이해도	특별함	비용
내 기획안 자유참가+체험	5	1	1	3 300만 엔
마케팅팀 M 사원의 기획안 유명인사 체험담+게임	7	3	3	1 800만 엔

이로써 체험단 기획은 마케팅팀 M 사원의 안이 더욱 좋다는 것을 알 수 있다.

이어서 홍보 활동에 대해서도 효과분석표를 만들어 비교해보자. 세로축은 앞의 표와 마찬가지로 '내 기획안'과 '마케팅팀 M 사원의 기획안'이다. 각 칸 하단에도 간단하게 내용을 정리한다.

비교 검토할 때마다 표를 새로 만든다

	종합평가			
내 기획안 입소문				
마케팅팀 M 사원의 기획안 오프라인 모임+SNS				

이어서 가로축이다. 이번에 전제해야 할 사항은 '자사 제품의 차별화 부분을 정확하게 전달할 수 있는가?', '많은 사람에게 알릴 수 있는가?'이다. 또한 인플루언서의 역할을 기대하는 이상 '꾸준한 활동을 기대할 수 있는가?'도 놓쳐서는 안 될 포인트다.

이 내용을 항목별로 정리하면 다음과 같다.

- 제품의 특징(차별화 포인트 등)을 정확하게 전달할 수 있는가?
- 많은 사람에게 정보를 전달할 수 있는가?
- 의욕을 가지고 활동을 지속할 수 있는가?

표에는 각각 정보의 깊이, 전파력, 의욕이라고 적는다.

우선 가로축에 평가 관점을 작성한다

	종합평가	정보의 깊이	전파력	의욕
내 기획안 입소문				
마케팅팀 **M 사원의 기획안** 오프라인 모임+SNS				

이번에도 3점 만점으로 세로축을 채운다. 우선 '정보의 깊이'다. 내 기획안은 자유롭게 제품을 만져보고 자유롭게 전달하는 형태다. 전달하는 방식을 관리할 수 없기 때문에 1점이 된다.

한편 마케팅팀 M 사원의 기획안은 오프라인 모임에서 만날 수 있으므로 전달방식을 관리할 수 있다. 여기는 3점이 된다.

이어서 '전파력'이다. 내 기획안은 SNS 입소문에 의존한다. 한편 마케팅팀 M 사원의 기획안은 해시태그를 달아 업로드하는 방법에 대해서도 자세히 설명한다. 마케팅팀 M 사원의 기획안에 3점, 내 기획안에 1점을 준다.

마지막으로 '의욕'이다. 마케팅팀 M 사원의 기획안은 다음 행사 시 특별대우를 받기 때문에 특별함이 있고, 지속하게 만드는 계기가 된다. 그래서 3점. 내 기획안은 한 차례 상품권 받은 다음에는 계속하고 싶은 의욕이 생기지 않을 가능성이 크다. 1점이 된다.

이렇게 점수를 매기고 종합평가 값으로 합하면 다음과 같은 결과가 나온다.

홍보 활동도 마케팅부서 M 사원의 기획안이 더 좋다

전제 및 평가해야 할 포인트

• 제품의 특징(차별화 포인트 등)을 정확하게 전달할 수 있는가?
• 많은 사람에게 정보를 전달할 수 있는가?
• 의욕을 가지고 활동을 지속할 수 있는가?

	종합평가	정보의 깊이	전파력	의욕
내 기획안 입소문	3	1 자유롭게 전달	1 SNS	1 상품권
마케팅팀 **M 사원의 기획안** 오프라인 모임+SNS	9	3 오프라인 모임으로 시간 확보	3 해시태그	3 다음 행사 특별대우

이것도 마케팅팀 M 사원의 기획안이 더 좋다는 것을 알 수 있다.

이러한 비교분석을 거쳐 'How: 내용'은 마케팅팀 M 사원의 기획안을 베이스로 진행하기로 했다.

마케팅팀 M 사원의 의견을 토대로 한 기획안
(68~69쪽 표를 일부 변경)

항목		내용	메모 (의문점 및 고려사항)
Why	목적	당사의 주력상품 A로 '한정 인플루언서'를 통해 신제품을 소개하고, 홍보 활동을 통한 차별화된 상품설명과 정보전달로 상품의 판매활동 강화	
What	개요	행사: 한정된 인원만 참여할 수 있는 신제품 체험단 홍보 활동: 행사 후 홍보 활동 촉진	
Who	관계자	주체: 당사 협력: 광고회사 서포터+PR 　　　광고대행사 기획 운영 인플루언서: 수십 명(학생, 20대, 30대, 40대, 50대 이상 각 10명 이내 인원, 남녀혼합) 총 100명 이상= 각 ??명×개최장소 유명인사 ?	
Where	장소	도쿄+그 외? 몇 군데?	
When	시기	행사: 가능한 한 빨리 홍보 활동: 가능한 한 빨리	
How	세부내용	행사: 각지에서 장소를 빌려 3시간 행사로 아래 내용을 실시 • 특징설명과 유명인사의 체험담 • A제품 체험과 게임을 통한 체험 • 홍보에 관련한 활동방법 설명 홍보 활동: 인플루언서 오프라인 모임, SNS 업로드 등	3시간= 오프닝·설명 30분 체험 45분 게임 60분 홍보 45분 등등?

• 오프라인 모임 연 8회 이상, SNS 75건 업로드(주 1~2회) 이상→A제품 무료, 차기 신제품 우선 체험 전체비용: 도쿄 800만 엔(장소 300만 엔+운영 300만 엔+설비 200만 엔) 판촉효과: ?	(B홀 **평 정도)

색칠한 글씨: 애매한 부분 ▢ : 이번 제안사항

대략 결정했다면 다음은 아직 검토하지 않은 'Where: 장소', 'When: 시기'에 대해 검토하고 칸을 채운다.

프로 기획의
세부내용을 채운다

'Where: 장소'와 'When: 시기'는 효과분석표를 이용해 더 좋은 제안을 생각한다.

행사 일정을 제안한다

I 부장이 처음 이 이야기를 들려줬을 때가 4월이고, 우리 회사의 판매 성수기가 2월, 3월, 7월, 12월이라고 하자. 그렇다면 언제부터 움직이기 시작해, 어느 타이밍에 행사를 개최하는 것이 바람직할까?

오늘 날짜를 4월 15일로 설정하고, 체험단 개최 시기를 검토하기 위한 효과분석표를 만들어 보자.

우선 세로축이다. 세로축에는 선택지, 이 경우에는 체험단 개최 시기가 들어간다. 지금부터 빠르게 준비한다 해도 5월 개최가 최선이다.

그 이후라면 언제든지 개최할 수 있지만, 판매 성수기에는 기존 업무로 항상 바쁜 탓에 체험단 준비까지 하기에는 일손이 모자란다. 그래서 판매 성수기를 제외하고 판매에 직접적인 영향을 주지 않는 날짜로 생각하기로 했다.

전제조건을 정리하면 다음과 같다.

· 판매에 직접적인 영향을 주지 않는 시기에 개최(=판매 성수기 제외)

· 당사의 판매 성수기 2월, 3월, 7월, 12월

· 현재 4월 15일

이러한 전제조건을 바탕으로 세로축은 다음과 같이 생각할 수 있다.

	종합평가			
5월(=가장 빠른 시기)				
6월(=여름 판매 성수기 전)				
8월(=판매 성수기 이후)				

그렇다면 가로축에는 무엇이 들어갈까? 가로축에는 판단하는데 중요한 포인트가 들어간다.

I 부장의 지시는 '가능한 한 빨리'. 동시에 '특별', '한정'을 중요하게 생각하고 있다. 그렇다면 '속도'와 '특별함'이 필수다. 그 외에 반드시 고려해야 하는 것은 정말로 개최할 수 있냐는 '실현 가능성'이다.

즉 다음의 세 가지가 가로축에 적합하다.

- 가능한 한 빨리=속도
- 특별·한정
- 실제로 개최할 수 있는가=실현 가능성

평가 기준을 반영한 표

	종합평가	속도	특별함	실현 가능성
5월				
6월				
8월				

이로써 시기에 관한 효과분석표 틀이 완성되었다.

가로축에는 지금까지 이야기해왔듯이 직접 생각한 평가 기준을 넣는다. 그렇다 보니 실제로 필요한 기준을 빠뜨리고 검토한 결과, 적합하지 않은 후보가 남겨질 때가 있다.

적합하지 않은 일정을 제안할 경우, I 부장으로부터 "일정은 왜 이때로 잡았죠?"라는 질문을 받게 된다. 그때 이 표를 보여주며 "이러한 이유로 일정을 잡았습니다"라고 설명하면 "이걸 이렇게 생각하면 안 되죠! 다시 수정하세요"라고 말할 것이다. I 부장의 지혜를 빌려 결과적으로 더 좋은 시기를 선정할 수 있다.

판단 기준을 명확하게 하면 기준 자체가 잘못되어도 재검토를 통해 다시 시작할 수 있다.

선택지가 많다면 5점 만점으로 해도 OK

앞에서 설명했던 것처럼 '종합평가' 이외의 열에 점수를 매긴다. 앞에서는 두 가지 선택지(내 기획안인가, 마케팅팀 M 사원의 기획안인가)를 3점 만점으로 평가했지만, 이번에는 선택지가 세 개로 늘어났다. 좋은 결과를 끌어내기 위해서 5점 만점으로 평가해보자. 작성한 표는 다음과 같다.

개최 시기에 대한 효과분석표(완성)
전제 및 평가해야 할 포인트
- 가능한 한 빨리=속도=현시점에서 가장 빠르게 진행할 수 있는가? 빠른 순서부터 5점
- 특별·한정=특별함을 연출하기 위한 시간은 충분한가? 단, 길다고 다 좋은 건 아니다
- 실제로 개최할 수 있는가=실현 가능성=장소 섭외로 검토

	종합평가	속도	특별함	실현 가능성
5월	7	5 가장 빠른 시기	1 장소 세팅은 거의 불가능, 특별함 없음	1 장소 섭외 불가능 특별요금 발생으로 비용이 1.2배 이상
6월	10	4 여름 판매 성수기 직전	3 최소한 준비할 시간은 있음	3 주요 도시의 공실 확인 완료
8월	7	1 판매 성수기 이후	3 디테일한 부분까지 준비 가능	3 주요 도시의 공실 확인 완료

효과분석표로 '6월 실시가 가장 적합하다'는 결론에 도달했다.

행사 장소 선정(도쿄)

이어서 도쿄에서 실시할 장소에 대해서도 똑같은 방법으로 검토해보자. 행사 일정에서 검토한 내용과 다음의 세 가지 점을 고려하면 더 좋은 장소를 선택할 수 있다.

- 100명 정도(학생, 20대, 30대, 40대, 50대 이상 각 10명 이내 인원. 남녀혼합)를 수용하고, 필요한 설비가 갖춰져 있는 장소
- 많은 인원의 다양한 인플루언서가 모이는 만큼 편리한 접근성으로 참가율을 높인다
- 6월 주말에 개최할 수 있고 현재 공실일 것

여기서 위의 세 가지 조건을 만족하는 몇 개의 장소를 대행사에 의뢰해 비교해보자.

도쿄 개최장소에 대한 효과분석표(완성)

전제 및 평가해야 할 포인트
- 100명 정도를 수용하고, 필요한 설비가 갖춰져 있는 장소
- 많은 인원의 다양한 인플루언서가 모이는 만큼 편리한 접근성으로 참가율을 높인다
- 6월 주말에 개최할 수 있고 현재 공실일 것

	종합평가	접근성	설비·분위기	비용
시나가와 ●●홀	11	5 지하철역 도보 5분, 평지	4 신축, 깨끗	2 400만 엔
시부야 △△호텔	11	4 지하철역 도보 7분	3 보통	4 300만 엔
신주쿠 ××시설	12	4 지하철역 도보 8분	3 보통	5 250만 엔

대행사가 찾은 세 곳은 이렇다 할 차이는 없지만, 도쿄 행사
의 개최장소는 '신주쿠 ××시설'이 가장 적합해 보인다.

도쿄 이외의 도시 선정

이어서 검토해야 할 내용은 도쿄 이외의 개최지다. I 부장은
'도쿄뿐만 아니라 주요 도시에서 동일하게 진행하라'라고만
말했을 뿐 몇 군데에서 실시할지 정하지 않았다.

임시로 선정한 도쿄 이외의 주요 10개 도시를 비교하면서
개최지 수에 대해서도 제안해보자.

도쿄 이외의 개최지를 검토한다

	종합평가			
삿포로				
센다이				
요코하마				
니가타				
나고야				
오사카				
고베				
히로시마				
후쿠오카				
나하				

　선정의 전제는 '수십 명의 인플루언서'를 모을 수 있는 도시여야 한다.

　해당 도시에서의 판촉 효과를 생각하면 '도시의 인구'도 무시할 수 없다.

　판촉 행사를 실시하는 이상 '제품A를 쉽게 구매할 수 있는 곳'이어야 한다. 이 점에 대해서는 각 도시에서 제품A를 구매할 수 있는 경로(채널) 수로 비교한다.

내용을 정리하면 다음과 같다.

- 수십 명의 인플루언서를 모을 수 있는가?
- 도시 규모는 100만 명 정도의 인구가 되는가?
- 제품 A를 구매할 수 있는 경로(채널)의 수는 어떠한가?

다만 여기서 주의해야 할 점이 있다. 아래 내용처럼 가로축을 정해서 채워서는 안 된다.

잘못된 가로축의 예

	종합평가	인플루언서	도시 규모	채널
삿포로				
센다이				
요코하마				
니가타				
나고야				
오사카				
고베				
히로시마				
후쿠오카				
나하				

왜일까? 이 표를 채워보면 알 수 있다. 이번에는 선택지가 많으므로 5점 만점으로 점수를 매긴다.

두 개 이상의 열에 같은 점수가 들어갈 때는 주의해야 한다

	종합평가	인플루언서	도시 규모	채널
삿포로	13	4	4 100만 명 전후	5 3채널 이상
센다이	13	4	4 100만 명 전후	5 3채널 이상
요코하마	5	- (도쿄 근처)	- (도쿄 근처)	5 3채널 이상
니가타	7	2	2 70만 명 전후	3 2채널
나고야	13	5	5 200만 명 이상	3 2채널
오사카	15	5	5 200만 명 이상	5 3채널 이상
고베	11	4	4 100만 명 전후	3 2채널
히로시마	9	4	4 100만 명 전후	1 1채널
후쿠오카	15	5	5 200만 명 이상	5 3채널 이상
나하	2	1	1 50만 명 이하	0 없음

이 표에는 '인플루언서'와 '도시의 규모' 열에 같은 점수가 들어가 있다.

왜 같은 숫자가 들어갔을까? 어떤 도시에 어느 정도의 인플루언서가 있는지 모르기 때문에 이 표를 만들 당시 '인구가 많은 도시에 인플루언서도 많겠지'라는 생각으로 점수를 매겼기 때문이다. 그래서 완전히 똑같은 숫자가 들어간 것이다.

이처럼 같은 데이터를 토대로 평가점수가 똑같으면 해당 내용이 판단에 큰 영향을 미친다. 공정한 비교 검토라고 할 수 없다. 애매한 '인플루언서 수'는 '도시의 규모'와 함께 생각하는 것이 적절하다.

이 점수를 다시 정리한 표는 다음과 같다. '10점'이라는 매우 높은 평가를 받은 오사카와 후쿠오카가 개최지로 적합하다고 할 수 있다. 만약 5개 도시에서 개최한다면 차점을 받는 삿포로와 센다이가 후보가 된다.

도쿄 이외의 개최지 효과분석표(완성) / 열은 늘리거나 줄여도 된다

전제 및 평가해야 할 포인트
- 수십 명의 인플루언서를 모을 수 있는가?
- 도시 규모는 100만 명 정도의 인구가 되는가?
- 제품 A를 구매할 수 있는 경로(채널)의 수는 어떠한가?

	종합평가	도시 규모 (인플루언서 수)	채널
삿포로	9	4 100만 명 전후	5 3채널 이상
센다이	9	4 100만 명 전후	5 3채널 이상
요코하마	5	- (도쿄 근처)	5 3채널 이상
니가타	5	2 70만 명 전후	3 2채널
나고야	8	5 200만 명 이상	3 2채널
오사카	10	5 200만 명 이상	5 3채널 이상
고베	7	4 100만 명 전후	3 2채널
히로시마	5	4 100만 명 전후	1 1채널
후쿠오카	10	5 200만 명 이상	5 3채널 이상
나하	1	1 50만 명 이하	0 없음

유명인사 선정

남은 것은 '유명인사로 누구를 부를 것인가'이다.

우선 세로축이다. 유명인사는 '모집한 인플루언서들'의 호감도가 중요하다. A제품과 업계에 대한 전문성을 갖추고 있거나 활동 이력이 있는 사람도 적합하다. 유명인사라는 이유만으로 어느 정도 특별하지만 가능하면 접하기만 해도 '특별하다'라고 느낄 수 있는 인물이 더욱 좋다.

이러한 조건으로 대행사에 문의한 결과 A 씨, B 씨, C 씨 후보로 압축되었다. 곧바로 세 후보로 효과분석표를 만들어보자.

유명인사로 초대할 사람을 검토한다/참고정보(연령 등)를 추가해도 좋다

	연령	종합평가			
A 씨	30대				
B 씨	40대				
C 씨	10대				

당일 참석 여부가 가장 중요한 전제조건이나 이번에는 모든 후보자가 '당일 참석 가능한 사람'이므로 생략했다.

그럼 유명인사에 대해 가로축을 넣어보자.

· 다수의 인플루언서 호감도는?

· A제품과 업계에 대한 전문성을 갖추고 있거나 활동 이력

이 있는가?

· 접하기만 해도 특별하다고 느끼는가?

앞에서 언급한 기준을 반영하면 다음과 같다.

	연령	종합평가	호감도	전문성	특별함
A 씨	30대				
B 씨	40대				
C 씨	10대				

원래 일반인부터 유명인사까지 '호감도'를 조사하려면 마케팅 리서치가 필요하다. 하지만 여기서는 잘 알려진 마케팅 리서치 수법으로 충분하기도 하고, 이 책의 취지에서는 벗어나는 내용인 만큼 호감도에 관해서는 대행사에 데이터를 요청해 검토하기로 했다.

효과분석표는 세로로 입력하기를 잊지 말 것

	연령	종합평가	호감도	전문성	특별함
A 씨	30대		4 전 세대	3	1 초인기 아이돌
B 씨	40대		3 30대 이상 여성	3	1 배우
C 씨	10대		2 10대 여성 중심	4 관련 연재 있음	-

가로 점수를 합하면 표가 완성된다.

행사에 초대할 유명인사의 효과분석표(완성)

전제 및 평가해야 할 포인트

· 다수의 인플루언서 호감도는?

· A제품과 업계에 대한 전문성을 갖추고 있거나 활동 이력이 있는가?

· 접하기만 해도 특별하다고 느끼는가?

	연령	종합평가	호감도	전문성	특별함
A 씨	30대	8	4 전 세대	3	1 초인기 아이돌
B 씨	40대	7	3 30대 이상 여성	3	1 배우
C 씨	10대	6	2 10대 여성 중심	4 관련 연재 있음	-

효과분석표를 통해 A 씨를 가장 적합한 인물로 판단했다.

3명을 5점 만점으로 평가했음에도 불구하고 점수 차이가 거의 발생하지 않았다. 이처럼 점수가 비슷할 때는 '유명인사의 평판을 다시 한번 생각하는 것'이 중요하다.

체험행사의 '특별함'을 중요하게 생각한다면 특별함 항목의 점수가 높은 A 씨나 B 씨를 선택한다. 상품을 활용한 구체적인 사례를 알리고 싶다면 전문성을 갖춘 C 씨를 선택해도 좋다.

표는 어디까지나 공정한 시점으로 비교 검토하기 위한 자료이다. 종합평가를 본 다음 별도로 중요하게 생각하는 포인트가 있다면 점수를 반드시 따를 필요는 없다.

이번처럼 유명인사의 평판이 확실하다면 이러한 판단을 근거로 제안을 해도 된다.

반대로 평판은 확실하지 않지만 일단 제안하기로 결정해서 검토할 경우에는 효과분석표를 보면서 의논하거나 결재권자에게 판단을 요청하는 방법도 괜찮다.

하나의 안은 한 페이지로 5W1H 표에 정리한다

이처럼 각 항목에 대해 생각하다 보니 마침내 체험단 행사의 5W1H 표가 전부 채워졌다.

효과분석표로 검토한 내용으로 작성한 5W1H 표

항목		내용	메모 (의문점 및 고려사항)
Why	목적	당사의 주력상품 A로 '한정 인플루언서'를 통해 신제품을 소개하고, 홍보 활동을 통한 차별화된 상품설명과 정보전달로 상품의 판매활동 강화	

What	개요	행사: 한정된 인원만 참여할 수 있는 신제품 체험단 홍보 활동: 행사 후 홍보 활동 촉진	
Who	관계자	주체: 당사 협력: 광고회사 서포터+PR 　　　광고대행사 기획 운영 인플루언서: (학생, 20대, 30대, 40대, 50대 이상 각 10명 이내 인원, 남녀혼합) 100~250명= 각 50명×3~5곳 유명인사 A 씨	
Where	장소	전국 3~5곳(도쿄 신주쿠 ××시설 + 2곳 또는 4곳)	동시에 5곳은 곤란?
When	시기	행사: 6월 홍보 활동: 6월부터 1년간	
How	세부내용	행사: 각지에서 장소를 빌려 3시간 행사로 아래 내용을 실시 • 특징설명과 유명인사의 체험담 • A제품 체험과 게임을 통한 체험 • 홍보에 관련한 활동방법 설명 홍보 활동: 인플루언서 오프라인 모임, SNS 업로드 등 • 오프라인 모임 연 8회 이상, SNS 75건 업로드(주 1~2회) 이상→A제품 무료, 차기 신제품 우선 체험 전체비용: 도쿄 800만 엔(장소 300만 엔+운영 300만 엔+설비 200만 엔) 판촉효과: ?	3시간= 오프닝·설명 30분 체험 45분 게임 60분 홍보 45분 등등 ?

색칠한 글씨: 애매한 부분　　■: 이번 제안사항

형광펜 부분은 어디까지나 당신이 제안한 내용이다. 이 기획안을 I 부장에게 제안하고 결재를 받아야 한다.

채택하지 않은 안도 가능한 남겨두기

초안을 만들 때 5W1H 표를 채우는 과정에서 다른 안과 비교할 필요도 없이 별로인 안, 좋은 기획이라고 생각했지만 크게 수정한 안 등 앞으로 사용할 수 없을 것 같은 표가 만들어지기도 한다.

이런 표도 덮어씌우고 삭제할 것이 아니라 가능한 한 남겨두기를 추천한다. 상사와 함께 검토하거나 기획을 수정하다 보면 "이 부분도 가능한지 검토해줘요"라는 말을 듣게 되는데 그때 도움이 되기 때문이다.

이러한 상사의 지적은 대부분 사고의 누락을 방지하는 의미이지만 한편으론 이미 검토를 마치고 보류할 때도 많다. 이때 그냥 말로만 "그건 이미 검토를 마쳤으나 가능성이 없다고 판단했습니다"라고 해서는 상사를 설득할 수 없다.

검토했으나 보류한 표를 보여주며 "말씀하신 시점에서 검토했지만 보류했습니다"라고 이유를 설명하면 같은 과정을 반복하지 않아도 된다.

상사로서는 "다양한 시점에서 검토한 다음 가져온 기획안이군"이라는 믿음을 갖게 된다.

효과분석표가 효과를
발휘하는 다양한 상황

효과분석표는 반드시 5W1H 표와 함께 사용해야 하는 건 아니다. 다양한 상황에서 단독으로도 활용할 수 있다.

예를 들어 채용모집에 지원한 수십 명 중 어떤 사람을 채용하는 것이 가장 좋은지 선택해야 하는 경우. 이때는 호감 같은 인상에 휩쓸리거나 평가하는 사람에 따라서 달라지는 경향이 있다. 게다가 왜 이 사람이 떨어지고, 다른 사람이 붙었는지 설명하기 어렵다.

여러 후보를 비교 검토할 때 효과분석표를 사용하면 '왜 이런 평가를 했는가? 왜 이 사람은 탈락이고, 저 사람은 합격인가?'를 가시화할 수 있다.

또는 자사에 새로운 시스템을 도입할 때 어떤 시스템이 더욱 좋은지 판단하거나 부서 배치를 검토할 때처럼 여러 후보 중에서 사람을 선택해야 하는 상황에서 매우 효과적인 도구다.

부디 적극적으로 활용해 비교의 정확도를 높이길 바란다.

표 만들기에도 필요한 PDCA

실제로 표를 만들어 보면 생각만큼 칸을 채우지 못하는 경우가 있다. 어떻게 하면 표를 잘 만들 수 있을까? 포인트는 단한 가지다. 일단 해보기. 그것도 여러 번 해보기이다.

비즈니스 책에서 자주 하는 표현으로 말하면 표를 만들 때도 PDCA*를 빠르게 돌린다.

일단 해보기, 여러 번 해보기, 표를 만들 때도 PDCA

내가 실시하고 있는 기업이나 정부 대상 세미나 '이케다 세미나'는 보통 아침 9시부터 저녁 5시까지 꼬박 하루 동안 진행한다. 끝날 무렵인 4시에 항상 하는 게임이 있다. '마시멜로 챌린지'다.

여러 명이 팀을 꾸려 파스타(스파게티), 마시멜로, 가위, 마

---

* PDCA는 계획(Plan), 실행(Do), 평가(Check), 개선(Act)으로 품질관리와 업무개선을 위한 비즈니스 체계를 말한다.

스킹테이프, 끈을 사용해 '얼마나 높은 마시멜로 타워를 세울 수 있을까'를 겨룬다. 제한시간은 18분. 18분 후 마시멜로의 높이를 측정해 가장 높이 세운 팀이 이기는 간단한 게임이다.

각 팀은 가는 막대 모양의 스파게티를 어떻게 연결할 것인가, 어떻게 튼튼하게 세울 것인가를 생각하게 되는데 사실 이 게임은 시작 직후의 상황을 지켜보면 이기는 팀과 지는 팀을 알 수 있다. 두 팀의 차이는 무엇일까? 그것은 시행착오의 횟수다.

나눠준 준비물은 부러지면 원래 모습으로 되돌릴 수 없는 파스타와 자르면 다시 이을 수 없는 끈, 구멍을 뚫으면 원래의 모양으로 되돌릴 수 없는 마시멜로로 시행착오를 겪으면 겪을 수록 조건이 나빠진다.

그래서 대다수 팀은 어떤 전력으로 세울 것인지 먼저 의논한 후에 움직인다. "이렇게 하면 되지 않을까요?", "이 방법이 좋지 않을까요?" 책상 위에서 무의미한 토론의 시간이 이어진다.

어느 정도의 의견을 모아 얼마 남지 않은 시간 안에 직접 시도해보지만, 생각만큼 잘되지 않는다. 마시멜로는 사람들이 생각한 것보다 무겁고, 파스타는 가늘어서 크게 휘거나 부러지는 데다 끈도 짧다.

직접 해보고 나서야 비로소 이러한 문제점을 발견한다. 눈앞에 재료를 두고 이런저런 회의를 하지만 직접 해보고 나서야 발견하는 것은 어쩔 수 없다.

그렇다면 어떤 팀이 이길까? 처음부터 마시멜로를 만져보고 파스타에 찔러보고 끈을 묶는 등 시행착오를 겪는 팀이다.

이것저것 생각하기 전에 일단 해보기. 파스타 한 가닥으로 지탱할 수 없으면 두 가닥을 묶는다. 그래도 부족하면 세 가닥을 묶는다.

물론 준비도 필요하지만, 무의미한 토론보다 일단 해보는 것이 매우 중요하다. 해봐야 피드백을 얻을 수 있다. 과제를 발견하고 해결한다.

간단한 PDCA이지만, 그것을 할 수 있는가 없는가가 결과의 차이로 나타난다.

실제로 이 게임을 어른과 아이에게 시키면 아이들이 평균보다 높은 타워를 세운다. 그 이유도 똑같다. 아이들은 일단 즐기면서 다양하게 시도하기 때문이다.

PDCA의 엄청난 힘

이 책을 읽고 있는 분 중에는 소프트뱅크가 원래 보더폰이라는 회사였고 더욱이 재팬텔레콤, 도쿄디지털폰이라는 회사였다는 사실을 모르는 사람도 있을 것이다.

사명이 소프트뱅크로 바뀌었던 2006년, 나는 휴대전화를 할부판매하는 '슈퍼보너스' 서비스를 담당하고 있었다. 일시불 판매가 기본이었던 휴대전화를 다양한 서비스가 결합한 할부 방식으로 판매했다. 지금이야 일반적인 판매방식이지만 당시에는 업계 최초이자 획기적인 시도로 평가받았다.

정작 이 서비스를 담당하게 된 나는 건방지게도 "이게 팔리겠어?"라고 반발했다. 이렇게 복잡한 시스템을 소비자가 이해할 리 없어. 당시 보더폰에서 꽤 괜찮은 휴대전화 판매 플랜을 기획해왔던 나로서는 이 방식을 이해할 수 없었다.

그런데……. 내 생각은 결과적으로 보기 좋게 빗나갔다. 3년 후에는 계약 건수가 2,100만 건을 돌파. 당시 계약 건수 정체로 고민하고 있던 소프트뱅크에 엄청난 힘이 되었고, 이 판매방식은 머지않아 업계의 상식이 되었다.

그렇다면 왜 이 방식으로 팔았을까? 여기에 관련된 것이 PDCA다.

이 판매방식으로 계약 건수를 늘릴 수 있을까? 사실 이 방식은 소프트뱅크에도 엄청난 모험이었다. 일본전신전화공사 NTT의 자회사 도코모(docomo), 국제전신전화 KDDI의 브랜드 au와 같은 경기장에 설 것인가? 당시가 마침 그런 터닝포인트였다.

타사는 일시불로 판매하고 있는데 우리는 할부로 판매한다. 더욱 복잡해진 판매방식은 아무래도 곧바로 업계에 받아들여지지 않았다. 그런데도 전국 곳곳에서 '잘 팔리는 지역, 잘 팔리는 유통채널, 잘 파는 영업사원'이 나오기 시작했다.

왜 이 지역에서 팔리는 걸까? 매일 영업일지를 분석하고 판매 성공사례를 빠르게 수평 전개하는 PDCA로 종합평가의 상위를 매일 업그레이드해 최적화하는 영업 스타일이 탄생했다.

표 만들기도 마찬가지다. "이 방식이야!"라고 생각했다면 일단 해본다. PDCA를 돌리다 보면 조금씩 업그레이드되고 성공률도 올라간다.

표 만들기는 처음부터 잘되지 않을 수도 있다. 그래도 포기하지 말고 표로 분석하고, 생각하고, 검토하길 바란다. 시행착오를 통해 당신에게 맞는 방법을 찾으면 표로 얻게 되는 효과도 분명 높아질 것이다.

2장

표로 설명하기 · 의논하기

표로 자료 만들기·
프레젠테이션하기

이렇게 무사히 기획안의 큰 틀이 정해졌다. 이어서 I 부장에게 제출하기 위한 자료를 만들어 보자.

단, 이 자료는 처음부터 만들지 않아도 된다. 지금까지 만들어 온 5W1H 표와 효과분석표가 기본자료이기 때문이다.

아래는 코로나19 초창기였던 2020년 내가 손정의 사장에게 설명할 때 활용한 표다.

PCR 검사 센터 설립 당시의 개요서

항목	내용 （색 글자＝심의사항）
목적	경제와 감염확대방지 출구전략을 위한 검사제공＋모델시사
일정	연구소 7월 ●일 준공, ××이전 빠르면 8월 △일
장소	도쿄: A 연구소 내 → ××대회의실 → 타 지역: 미정
조직 구성	무상분: 공동연구, 유료분: SB 사업
센터 운영	SB 자회사 설립
시약	●●PCR 검사 키트 ■억 엔(개당 ○○○○엔×100만 개)
불활성화 용액	Z제조 □억 엔(개당 □□□엔×100만 개)

센터 규모	준공 시 최대 1만
가동	1일 8시간, 9시~17시 예상
제공단가	시산용으로 개당 △△△△엔(배송·포장비 제외)
확장채널	테스트: SB 사내+센터 → 테스트 후:지자체·정부·법인 확장
연간비용	약 △△엔

어떻게 일본에서 처음으로
PCR 검사를 실시할 수 있었을까?

당시 일본뿐만 아니라 전 세계가 미지의 바이러스 공포에 휩싸여 있었다. 최초의 긴급사태 선언으로 거리에서 사람들이 사라지고, 경제활동도 최소한으로 움직였으며 일단 안전과 건강을 최우선에 두고 행동해야 했다.

코로나19는 어떤 질병인가? 백신은 언제 나오는가? 모두가 불안에 시달리던 시기로 기억한다.

그런 상황에서 먼저 행동에 나선 사람이 손 사장이었다. 2020년 3월 11일, 손 사장은 약 3년 만에 트위터(현 X)에 글을 올렸다.

"신종코로나바이러스로 불안해하는 분들에게 간이 PCR 검사 기회를 무상으로 제공하겠습니다. 우선 100만 명분. 신청방법 등은 지금부터 준비."

이 게시글은 엄청난 파문을 일으켰다.

사람들은 맹목적인 불안감을 안은 채 그저 경제활동이 멈추고, 사회가 정체되어 버린 것에 위기감을 느꼈을 것이다.

그리하여 CSR 부문장이었던 나에게 "PCR 검사를 합시다"라는 지시가 날아왔다. 책임자가 된 나는 PCR 검사 센터를 처음부터 만들어야 했다.

지금이야 익숙한 'PCR 검사'이지만 당시에는 '한 번도 들어본 적 없던' 상태였다. 게다가 나에게는 의료지식도 없었다. 도대체 어떤 검사이고, 어떤 방식으로 진행해야 하는지, 누구에게 물어봐야 하는지, 어디에 무엇을 신청하고 허락을 받아야 하는지, 무엇이 필요하고 누가 있어야 하는지, 비용은 어느 정도 드는지, 아무것도 짐작할 수 없는 상태였다.

내 주변에는 손 사장을 포함해 그 누구도 이 검사를 실현하는데 필요한 정보를 갖고 있지 않았다. 지시를 받았으나 아는 것이 아무것도 없다. 어디부터 손을 대야 할지 몰랐다. 뭘 모르고 있는지조차 몰랐다. 이때는 5W1H 표도 효과분석표도 만들 수 없었다.

그렇다고 해서 "잘 몰라서 못 하겠습니다"라고 말할 수도 없었다. 이때 내 머릿속에는 동일본대지진 발생 직후 1,000년만에 일어난 전례 없는 피해 상황에 대해 "뭐라도 해야 해"라고 눈물을 흘리며 도호쿠에 대한 뜨거운 마음을 이야기하던 손 사장의 얼굴이 떠올랐다.

사업과 투자를 진행할 때와는 전혀 다른 얼굴, '이 사회를 위해 무언가 하고 싶다'라는 그의 진정성을 느낀 나 역시 '이번 건은 무슨 일이 있어도 성공시켜야만 해'라고 각오를 다졌었다. 'PCR 검사를 통해 코로나19 감염증 확산을 방지하고, 경제 활동을 조기에 정상화시키기' 위해 최선을 다했다.

무슨 방법을 써서든 과정을 이해하고 실현하기 위해 산업의(직장에서 근로자의 건강을 관리하는 의사)의 인맥을 비롯해 여러 곳에 질의하고, 때로는 중앙행정기관에 문의해가며 가장 먼저 만든 것이 일련의 대략적인 흐름을 파악하기 위한 구상도였다.

타액 PCR 검사 센터의 작업공정 구상도

(※ 검사업계 소속 사원의 공청회를 바탕으로 작성)

타액을 직접 채취 → 안전하게 운송 → 검체 접수 → 마스터 믹스 작성

↓

바이러스 유무 결과 통지 ← 마스터 믹스를 추가해 PCR 검사 ← 유전자 증폭기 ← 시약과 검체 분주

작업공정 구상도를 작성하면 필요한 사람, 물건, 시간을 알 수 있지 않을까? 그런 생각으로 만든 구상도였다. 이 그림을 계기로 '모르는 것투성이인 PCR 검사를 할 수 있게 만들자'라

는 막연한 목표를 'PCR 검사에 필요한 공정은 총 8가지. 처음에는 ○○이 필요, 두 번째는……, 세 번째는……'처럼 구체적으로 정리할 수 있었다.

구체적인 목표가 정해지면 부하직원에게 일을 배정하고 해당 부분의 전문가에게 연락하는 등 실제 행동으로 옮길 수 있다. 시간이 부족해도 효율적으로 빠르게 검토할 수 있다.

5W1H 표를 사용해 설명·논의하는 방법

이러한 과정을 거쳐 손 사장에게 보고할 때 가져간 것이 106쪽의 개요서다.

"사장님, 오늘은 이 표 안의 색 글자 부분을 전부 결정해야 합니다."

이 개요서는 언뜻 보기에 모든 부분이 채워져 있어 모든 사항이 결정된 것처럼 보일 수 있다. 자세히 보면 몇 군데 일부러 글자를 색으로 표시한 부분이 있다. 색 글자 부분은 1장에서 본 '나름대로 생각한 최선의 안'이다. 바꿔 말하면 사실은 아직 검토가 필요하거나 손 사장의 판단이 필요한 항목이다.

이러한 부분을 상사에게 보여줄 때는 빈칸으로 두지 말고 오히려 더욱 구체적으로 적는다. 이 방법이 일을 진행하는데 매우 중요한 포인트다.

확정되지 않았더라도 최대한 구체적으로 써야 하는 이유

상사에게 보고할 때는 다음과 같은 방식으로 표 위에서부터 순서대로 설명한다.

"우선 목적입니다. 목적은 여기에도 쓰여 있다시피 경제와 감염확대방지 출구전략을 위한 검사제공과 모델시사입니다. 다음은 일정입니다."

"일정은 연구소가 7월 ●일 준공, ××로 이전하여, 빠르면 8월 △일부터 실시 가능할 것으로 예상하고 있습니다. 어떠신가요?"

PCR 검사를 실현하는데 일정이 가장 중요한 의제였다. 목적을 생각하면 빠르면 빠를수록 좋다. 하지만 졸속으로 진행할 경우 오히려 사회를 더욱 불안하게 만드는 결과로 이어진다고 생각했다. 그런 의미에서 최소한 손 사장의 동의를 구해야 했다.

특히 이 건은 신중하게 생각할 필요가 있었다. 앞에서 소개한 손 사장의 트윗 이후 의료붕괴로 이어지는 것이 아니냐는 여론의 비판을 받았기 때문이다.

손 사장은 "검사하고 싶어도 검사를 받을 수 없는 사람이 많다는 이야기를 듣고 제안했지만, 여론이 이렇게 좋지 않다면 그만두는 게…"라는 트윗을 다시 올렸다. 이렇게 약한 소리를 하는 손 사장의 모습을 처음 봤다. 그것만으로도 갈등의 크기를 짐작할 수 있었다.

"휴대전화 회사인 소프트뱅크가 실시하는 PCR 검사가 정말 괜찮을까?"

이런 여론의 의구심도 충분히 고려했다. 여론의 반응을 눈앞에서 보고, 여러 갈등을 거쳐 의료기관은 아니지만 계속 진행하기로 했다. 그렇기에 더더욱 어설프게 진행했다가 피해가 생기지 않도록 최선을 다해야 했다.

5W1H 표에 쓴 일정은 1장에서 소개한 프로세스로 최선을 다해 검토한 일정이었지만 실제로는 "너무 늦어!"라는 반응이 돌아올 가능성이 있었다. 아니, 가능성이 아니라 실제로 "무조건 그렇게 말씀하시겠지"라고 생각했다.

'초여름'이나 '7월 중순'이라고 쓰지 않고 일부러 일정을 정확하게 쓴 이유가 있다. 일정을 정확하게 쓰면 명확하게 논의할 수 있기 때문이다.

'초여름'이나 '7월 중순'과 '7월 15일'은 큰 차이가 없을지도 모른다. 하지만 초여름의 이미지와 중순의 이미지는 사람에 따라, 입장에 따라 다르다. 예를 들어 '7월 15일쯤'이라고 생각해 '초여름'이라고 쓴 후 예정대로 진행했다고 치자. 애초에 '초여름'의 이미지를 다르게 생각한 사람은 '너무 늦다며!' 화를 낼 수 있다.

자신이 계획하고 상사에게 동의를 얻어(얻었다고 생각하는) 목표를 달성했지만, 혼이 난다면 일의 보람을 느낄 수 있을까?

"이만큼 열심히 하고, 처음에 보고한 대로 초여름에 달성했는데 왜!" 마음속으로 생각하더라도 상사의 "초여름에 할 수 있다고 해놓고 7월의 절반이나 지나서야 달성하다니, 이게 말이 돼!"라는 평가를 뒤집을 수 없다.

이러한 '기대치'의 차이는 다양한 현장에서 매일 일어나고 있다. 자세한 내용은 3장에서 다루도록 하겠다.

숫자로 다루기 때문에 목적과 시점을 맞출 수 있다

구체적으로 작성하려 해도 도무지 숫자가 정해지지 않는 경우도 있다. 예를 들어 프로모션 정책을 생각하더라도 파급 효과를 예상할 수 없다. 신제품 예상 매출을 추측하기 어렵다. 이런 경우다.

이때는 페르미 추정을 사용할 것을 추천한다.

페르미 추정은 한때 외국계 컨설팅 회사 면접 질문으로 유명해졌는데 들어본 사람도 많을 것이다. 실제로 계산하거나 수치화할 수 없는 문제를 논리적 사고를 통해 근사치를 추정한다. 전체를 인수분해해 가설을 세우는 데 사용한다.

"지금, 이 순간 화장실에 들어가 있는 사람은 전 세계에 몇 명 정도 될까요?"

예를 들어 이 문제에 대해 생각해보자. 당연히 실제로 계산하는 것은 불가능하며, 어떤 조사를 한다 해도 명확한 답을 찾을 수 없다. 그렇다고 해서 "모르겠습니다"라고 대답하면 이 야기는 거기서 끝이다. 그렇다면 어떻게 생각해야 할까? 지금부터는 하나의 사고방식을 예로 들겠다.

"우선 내가 하루에 화장실에 들어가 있는 시간은 15분 정도다. 즉 화장실에서 보내는 시간은 하루에 15분이라고 치자.

한편 전 세계 인구는 현재 약 80억 명. 이 사람들이 하루에 15분씩 화장실에 있다고 치면,

80억 명÷24시간÷60분×15분=약 8,300만 명. 8,300만 명 정도가 답이 된다."

물론 이 사고는 애초에 가정하에 성립된 것이기 때문에 정확한 숫자는 아니다. 혹시라도 전 세계의 화장실을 다시 지어야 한다면 이 정도의 규모로 화장실이 필요하다는 것을 파악할 수 있다.

"이런 대략적인 숫자라면 모르는 것이나 마찬가지 아닌가요?"

꼭 그렇지만은 않다. 예를 들어 화장실을 20억 개 준비한다고 하면 그건 지나치게 많다는 것을 알 수 있다. 또는 1,000만 개라면 부족하다.

'수천만 규모이지만 1억 개까지는 아니다'라고 알기만 해도 "정확한 숫자는 알 수 없습니다"라고 말했을 때보다 어느 정도의 규모로 준비해야 하는지 예상할 수 있다.

이처럼 임시여도 대략 짐작하는 것. 이것이 의논할 수 있는

표를 만드는 데 중요한 역할을 한다.

임시라고 알 수 있게 써두는 의미

앞에서 이야기했던 'PCR 검사 센터 설립 당시의 개요서'로 돌아가 보자. 확정되지 않은 것도 오히려 정확하게 쓴다. 단, 색을 바꿔 누구나 '임시'라는 것을 알 수 있도록 표시한다.

그래야 더욱 좋은 방향으로 논의할 수 있고, 자료를 제대로 보지 않고 느낌만으로 불만을 토로하는 사람의 입을 막을 수 있다.

"7월 15일은 늦어!"

이 말을 들었다면, 이때 꺼내야 할 것이 이 표에 '7월 15일'이라고 쓰기 전 검토단계에서 작성한 효과분석표다. 이 표를 보면서 "조직화하지 않고 바로 검사 센터를 만든다면 6월 15일에 가능합니다"라고 대안을 설명하면 "이 부분은 빼도 되니까 일단 빠르게 진행해 주세요. 6월 15일까지" 혹은 "어쩔 수 없네요, 7월 15일까지 하도록 하죠" 등의 피드백이 돌아온다. 이런 방식으로 정확하지 않았던 일정을 확정할 수 있다.

이 방법으로 표를 한 칸씩 내려가며 결정해야 할 사항은 결정한다. 회의가 끝날 즈음에는 전체가 어느 정도 완성된다.

좋은 방향으로 이끌어 갈 논의의 토대를 만드는 것.

결정한 것, 결정해야 하는 것을 명확하게 공유하는 것.

무엇보다 손 사장 같은 천재를 상대로 자신이 준비한 내용을 같은 선상에서 이야기할 수 있는 것.

표를 기반으로 진행하는 설명방식의 장점은 셀 수 없이 많다.

이러한 논의를 거치고, 다양한 전문가의 협조를 얻어(자세한 내용은 이후에 설명) 7월에 '주식회사 SB 신종코로나바이러스 검사 센터'를 설립했다. 대표는 내가 맡고, 소프트뱅크그룹이 자본금 24억 엔을 출자해 출범하게 되었다. 9월 24일에는 도쿄 PCR 검사 센터가 본격 가동되어 하루 약 4,000건의 검사를 했다.

"일본은 검사조차 해주지 않는다."

"어쩌면 나도 감염되었을지 몰라. 소중한 사람, 면역력이 약한 사람, 고령자와 아이들을 지키기 위해서는 일단 사람들과 거리를 둘 수밖에 없어. 어떻게 방법이 없을까?"

당시에는 이런 고민을 조금을 덜어줄 수 있지 않을까, 라고 생각했다.

고품질의 검사를 저렴하고, 빠르게, 대량으로

PCR 검사 시설 정비의 뒷이야기

PCR 검사 센터 설립을 위해 각 분야에 의견을 듣던 때의 일이다. 한 제조사로부터 "타액으로 검사할 수 있는 시약을 준비하고 있습니다"라는 정보를 얻었다. 비인두를 닦아 검체를 채취하는 기존의 검사와 달리 타액검사는 통증 없이 누구나 직접 채취할 수 있다. 순서가 간편해질 뿐만 아니라 시간도 단축되는 데다 시약 단가까지 낮출 수 있다는 설명을 듣고 눈이 번쩍 뜨였다.

경제활동의 조기 정상화를 위해서라도 검사받지 못하는 상태를 하루빨리 개선할 필요가 있었다. 그래서 저렴하면서도 고품질의 PCR 검사를 높은 빈도로 받을 수 있게 만들어야 했다.

당시 약 2~3만 엔이었던 자가 검사비용을 10분의 1로 줄여 누구나 쉽게 받을 수 있게 하는 것이 손 사장의 목표 중 하나였으므로 기분 좋은 소식에 크게 기뻐했다.

그런데 두 개의 큰 벽이 내 앞을 가로막았다.

하나는 의료기관이 아닌 회사가 검사라는 의료행위를 해서는 안 된다는 현실이었다. 의료의 안전을 위해서라도 의료행위는 의료종사자만이 실시할 수 있다고 법에서 정하고 있다.

비전문가가 진행하기로 한 이상 관련 공부가 필요하다고 판단했고, 법률을 검토하던 중 증상이 있는 사람에 대한 검사가 아닌 무증상인 사람을 대상으로 스크리닝 제출 검체의 판정결과만 통보하는 것은 의료행위에 해당하지 않다는 것을 알게 되었다.

이 해석에 문제가 없다는 것은 국립국제의료연구센터 등 전문기관과 후생노동성 행정기관의 확인을 받았다. 그래서 도쿄 PCR 검사 센터는 의료와는 관계없는 스크리닝 검사 콘셉트로 확정. 그로 인해 자가부담 2,000엔의 PCR 검사가 조금씩 현실로 가까워지기 시작했다.

한숨 돌린 것도 잠시, 또 다른 벽을 마주하게 되었다. 우리가 준비한 PCR 검사는 채집한 타액을 키트에 넣고 불활성화 용액을 첨가해 검사기관에 보내는 시스템이었다. 불활성화 용액을 첨가하기 때문에 타액에 의한 감염위험은 없었지만, 배송을 맡아주는 회사가 없었다.

당시에는 여전히 코로나19에 대한 전모가 명확하게 밝혀지지 않은 단계였다. 배송업체는 만에 하나라는 안전성을 걱정한 것이다. 머리를 쥐어 싸며 잠들지 못하는 날들이 이어졌다.

결과적으로 배송을 맡아줄 업체를 찾았는데 그 상황을 해결한 것 역시 손 사장이었다. 하루라도 빨리 PCR 검사를 실현하기 위해 애를 쓰던 손 사장이 타액의 안정성을 보증하기 위해 배송업체 사장 앞에서 불활성화한 타액을 마시며 이렇게 말했다. "전부 마셔도 괜찮을 정도로 안전하니 배송을 맡아주세요"라는 강렬한 메시지였다.

여기에 다시 한번 놀랐다. 목표를 위해 돌진하는 손 사장의 뜨거운 열정에 온몸이 찌릿해질 정도의 충격을 받았다. 이러한 손 사장의 노력이 더해져 배송업체가 정해졌고 도쿄 PCR 검사 센터는 조기 경제활동 재개라는 목표를 향해 움직일 수 있었다.

5W1H 표와 효과분석표를 설명용으로 편집한다

5W1H 표와 효과분석표를 이용한 설명과 논의하는 방법을 이해했는가?

지금부터는 I 부장의 지시내용으로 돌아가 생각해보자. 1장에서 만든 5W1H 표와 앞에서 소개한 'PCR 검사 센터 설립 당시의 개요서'에는 큰 차이가 있다. 바로 항목을 정렬한 순서다.

앞에서 이야기했듯이 상사에게 설명하거나 프레젠테이션할 때는 표의 위에서부터 아래로 설명한다. 그래서 5W1H는 설명하기 쉬운 순서로 바꿔야 한다.

순서를 변경할 때 필요한 것이 '마음속 상상회의'다. 특히 이번처럼 직속 상사에게 프레젠테이션하는 경우에는 마음속 상상회의의 정확도에 의해 상대의 반응이 크게 바뀔 수 있다는 것을 기억하길 바란다.

마음속 상상회의로 흐름을 예상한다

마음속 상상회의란 무엇일까?

'마음속', '상상'이라는 단어를 사용했듯 실제 회의는 아니다. 마음속으로 가상의 프레젠테이션 상대를 떠올리고, 가상의 상대와 회의하는 것이다. 순서는 다음과 같이 간단하다.

① 프레젠테이션 상대(여기에서는 I 부장)를 상상한다. 머릿속에 그 사람이 정말로 있는 것이 아닐까, 라고 착각할 정도로 선명하게 떠올린다.

② 상상 속 프레젠테이션 상대에게 마음속으로 프레젠테이션을 한다. 이때 이 내용을 들었다면 이 사람은 이렇게 생각하겠지? 이렇게 반응하겠지? 하는 부분까지 상상의 나래를 펼친다.

③ 예상한 상대방의 질문과 반응을 실제 발표하는 자리에서 대처할 수 있도록 준비한다.

앞에서 소개한 PCR 검사 센터 건으로 손 사장에게 보고하기 위해 준비를 할 당시 일단 '손 사장이 가장 신경 쓰는 부분은 일정'이라고 생각했다. 머릿속에서 손 사장이 "7월 15일은 너무 늦어!"라고 말하는 장면을 떠올렸다. 그래서 5W1H 표 제일 위에 일정을 넣고 관련된 효과분석표를 프레젠테이션 자료로 준비했다. 실제 프레젠테이션 자리에서 이 자료는 매우 큰 도움이 되었다.

이번 체험단 기획에서도 가장 먼저 뛰어넘어야 할 산은 직속 상사다. 상사의 허락이 떨어져야 영업마케팅 전략회의의

문을 열 수 있다. 그렇다면 여기에서도 I 부장을 머릿속에 떠올리고 일단 I 부장이 수긍할 만한 제안을 가져가야 한다. 평소에 함께 일을 하다 보면 I 부장이 다른 사람과 비교했을 때 어떤 관점을 중요하게 생각하는지 알 수 있다.

예를 들어 "상사이다 보니 매번 매출과 수치를 물어보시지만, 이해할만한 내용이면 세세한 부분까지는 질문하지 않으실 거야. 그보다 새로운 내용이나 도전적인 요소를 괜히 어중간하게 말했다가 오히려 질문 폭탄이 쏟아질 거야."

"무언가를 판단할 때는 반드시 '근거는 뭐지?'라고 물으신단 말이지. 주관적인 말보다 객관적인 말에 더 신경 쓰시는 분이야."

"진행하는 데 어떤 위험요소가 있는지 계속 신경 쓰는 분이야. 예측하지 못한 상황을 싫어하셔."

이런 식으로 'I 부장은 이런 사람'이라는 이미지를 갖고 있을 것이다. 성향을 확실히 파악하고 검토해 미리 준비한다. 그러면 다음과 같은 이점을 얻을 수 있다.

- 필요한 준비, 필요하지 않거나 우선순위가 낮은 준비를 구별할 수 있다
- 어떤 순서로 이야기해야 흐름을 자연스럽게 이끌어 갈 수 있는지 안다

결과적으로 모든 내용을 동시에 가장 효율적으로 진행할 수 있다.

반대로 이런 시뮬레이션 없이 모든 질문과 고민을 사전에 준비하려면, 빠르게 새로운 일을 진행해야 해서 일의 난이도가 급격하게 올라간다. 결국 준비했지만 사용하지 않은 데이터만 늘어나 생산성이 떨어진다.

이건 내 개인적인 생각이지만, 최선을 다해서 일해도 시간만 잡아먹는 사람, 생산성이 낮은 사람, 매번 준비 부족으로 혼나는 사람, 기획을 통과시키지 못하는 사람의 대다수는 '누구를 대상으로 한 프레젠테이션 혹은 자료인가'라는 의식과 '상대는 어떤 사람인가'라는 상상력이 부족한 사람이지 않을까?

마음속 상상회의의 정확도는 3장 180쪽에서 소개하는 상대를 알고, 상상회의를 반복하는 방법으로 향상된다. 그 결과 업무 전체의 속도가 빨라지고 해야 할 일은 줄어들지만, 결과를 내게 된다.

5W1H의 순서를 검토한다

106쪽의 PCR 검사 센터 설립을 위한 표야말로 내가 손 사장과의 마음속 상상회의를 거쳐 만든 것이다.

표를 활용해 설명할 때 위쪽과 아래쪽을 왔다갔다하면 회의가 어수선해진다. 또한 상사가 가장 중요하게 생각하는 항목을 설명하지 않아 "별로 중요하지 않은 이런 거 말고 이 항목부터 설명하죠?"라는 말을 듣게 되면 설명순서가 엉망이 된다.

표에 제시한 순서대로 설명하는 것도 아니고, 중요하게 생각하는 것조차 설명하지 않은 상황이라면 그 자리에 있는 모든 사람이 스트레스를 받게 된다.

이러한 위험요소를 낮추기 위해서라도 다시 한번 표의 순서를 바꿔 작성한 순서대로 설명하는 것이 중요하다.

어떤 순서로 설명해야 상대방이 듣고 싶은 순서가 될까? 그리고 당신이 설명하기 쉬운 순서가 될까? 이 두 가지 흐름을 고려해 표를 수정해보자.

표 순서의 포인트

순서는 안건의 긴급성과 중요성, 상대방의 성격과 관련되어 있으므로 정해진 정답은 없다. 다만, 몇 가지 참고할만한 기준이 있다.

상대는 무엇을 신경 쓰고 있는가?(성격 포함)

첫 번째로 상대가 무엇을 신경 쓰고 있는가이다.

예를 들어 PCR 검사 센터의 경우, 일정을 상단에 배치했다. 원래 손 사장의 지시로 진행하는 업무는 시간이 우선되는 경우가 많은 데다 해당 건은 '최대한 빨리' 해야 한다는 공감대가 이미 형성되었기 때문이다.

또한 '누구와 할 것인가'를 위쪽에 배치한 것은 "제대로 된

검사기구로 신뢰할 수 있는 검사키트를 배포하고 싶다", "어중간한 검사도구로 만들고 싶진 않다"라는 손 사장의 생각을 읽었기 때문이다.

상대가 가장 신경 쓰는 부분, 이 안건에서 특히 이 사람이 중요하게 생각하는 것을 표 위에 배치한다.

예를 들어 상대가 어떤 정책에 대한 효과를 신경 쓰는 타입이라면 비용대비 효과를 위쪽에 배치한다.

판촉기획 관련 프레젠테이션의 경우, 제안자는 획기적인 판촉기획에 대해 자세히 설명하고 싶겠지만 '내용을 말하기 전에 이 기획으로 어떤 효과가 있나요?', '비용은 얼마나 드나요?' 등 까다로운 상사의 질문 폭탄이 쏟아질 수 있다.

또는 비전과 이후의 상황을 중시하는 상사에게 세부내용과 효과를 서두에서 역설한다면 '숫자만 내세우지 말고!'라며 불편함을 드러낼지도 모른다.

상사가 현실주의자라면 사업상 비전이 있는가를 숫자를 이용해 설명한다. 비전을 중요하게 생각하는 상사라면 정책 이후의 모습을 전달한 다음 내용설명에 들어간다.

프레젠테이션 중 상대방을 불쾌하게 한다면 통과될 기획도 통과되지 않는다. 상대에 맞춰 순서를 바꾸면 결과적으로 당신이 이야기하고 싶은 부분을 충분히 경청한 다음 받아들이는 토대가 만들어진다.

화제의 긴급성

갑작스러운 문제나 사고대응처럼 시간을 앞다투는 업무는 역시 가장 먼저 해야 할 행동이나 일정 같은 시간축을 먼저 공유해야 한다.

예를 들어 어떤 상품을 정해진 날짜까지 납품해야 하는데 배송에 문제가 생겨 전달하지 못했다고 하자. 사고수습 방법을 이야기할 때, 처리에 드는 비용과 노력도 물론 중요하다. 하지만 그보다 더 중요한 건 언제까지 납품할 수 있는가의 문제다.

반대로 아무 문제 없이 납품되고 있는 상황에서 처음부터 납기에 대해 장황한 설명을 늘어놓으면 아무도 그 이야기를 듣지 않는다.

긴급성에 맞춰 순서를 바꿔야 한다.

영리인가? 비영리인가?

CSR은 기업 안에서도 사회공헌 부분에 해당한다. 하지만 기업 활동인 이상 영리와 분리할 수 없다. 아무리 환경을 고려한 변경이라도 본업의 이익을 낮추는 제안은 할 수 없다. 그래서 반드시 비용에 관한 이야기부터 해야 한다.

다만 재해지원 등의 '지원'에 대한 문제라면 이야기는 완전히 달라진다. 영리인가, 비영리인가를 따지면 적용 범위가 좁아질지도 모른다. 같은 기준이라도 감정에 호소하는가, 라는 관점에서 보면 많은 사람에게 해당하지 않을까?

예를 들어 배우자의 폭력에 시달리고 있는 사람의 상담을 받았다고 하자. 가정문제로 생각하면 감정에 이끌릴 수밖에 없다. 아무리 바른말이라도 "그런 배우자와는 '지금 당장' 헤어지시는 게 좋아요. 왜냐면……"이라고 이야기해서는 안 된다. 그런 말보다 무엇 때문에 고민하고 있는지, 언제부터 그랬는지, 본인은 어떻게 하고 싶은지 묻고 그 후에 "그래도 지금 상황을 그대로 내버려 두시는 건 좋지 않아요. 그러니까 일단 지금은……"이라고 이야기를 진행한다. 그러면 전자의 대화에서는 조언을 들으려 하지 않던 사람도 개선책을 받아들일지도 모른다.

감정적인 사항을 다룰 때는 비용과 일정, 효과를 나중에 생각해도 된다.

이처럼 같은 내용이라도 상대에 따라, 안건에 따라, 긴급성에 따라, 감정에 따라 정답이 바뀌는 것이 제안의 순서다. 여기서 언급한 세 가지 기준을 참고해 상대방이 중요하게 생각하는 순서로 바꾸길 바란다.

실제로 표의 순서를 바꿔보자

그렇다면 I 부장에게 보여줄 표는 어떤 순서로 배열해야 좋을까?

물론 완벽한 정답은 아니지만, 당신은 'Who: 관계자'를 앞에 두기로 했다. 그 이유는 업무지시 중 I 부장은 '인플루언서'를 여러 번 언급했기 때문이다.

설명하기 쉬운 순서로 5W1H 순서를 바꾼다

항목		내용	메모 (의문점 및 고려사항)
Why	목적	당사의 주력상품 A로 '한정 인플루언서'를 통해 신제품을 소개하고, 홍보 활동을 통한 차별화된 상품설명과 정보전달로 상품의 판매활동 강화	
Who	관계자	주체: 당사 협력: 광고회사 서포터+PR 　　　광고대행사 기획 운영 인플루언서: (학생, 20대, 30대, 40대, 50대 이상 각 10명 이내 인원, 남녀혼합) 100~250명= 각 50명×3~5곳 유명인사 A 씨	

How	세부내용	행사: 각지에서 장소를 빌려 3시간 행사로 아래 내용을 실시 • 특징설명과 유명인사의 체험담 • A제품 체험과 게임을 통한 체험 • 홍보에 관한 활동방법 설명 홍보 활동: 인플루언서 오프라인 모임, SNS 업로드 등 • 오프라인 모임 연 8회 이상, SNS 75건 업로드(주 1~2회) 이상→A제품 무료, 차기 신제품 우선 체험 전체비용: 도쿄 800만 엔(장소 300만 엔+운영 300만 엔+설비 200만 엔) 판촉효과: ?	3시간= 오프닝·설명 30분 체험 45분 게임 60분 홍보 45분 등등 ?
What	개요	행사: 한정된 인원만 참여할 수 있는 신제품 체험단 홍보 활동: 행사 후 홍보 활동 촉진	
When	시기	행사: 6월 홍보 활동: 6월부터 1년간	
Where	장소	전국 3~5곳(도쿄 신주쿠 ××시설+2곳 또는 4곳)	동시에 5곳은 곤란?

색칠한 글씨: 애매한 부분　　　　: 이번 제안사항

　명확하게 언급되진 않았지만, 이 회사는 자사에서 인플루언서와 함께 일하는 것이 처음이고 그만큼 I 부장이 신경을 쓰고 있다는 점을 생각하면 이 순서가 적합할 것이다.

　이처럼 표는 상대방이 가장 관심을 두고 있는 항목을 앞에 배치하는 형태로 생각하는 것이 좋다.

다만 이번 경우에도 'Why: 목적' 앞에 'Who: 관계자'를 배치해서는 안 된다. 머릿속에서 설명할 순서를 그려보길 바란다. 아마도 "이번 체험단에서 함께 할 인플루언서는……"라고 말하기 전에 "이번 체험단은 ……의 목적으로 시행합니다. 함께 할 인플루언서는……"이라며 무엇을 하기 위한 인플루언서인지 설명하지 않고는 넘어갈 수 없다.

그러므로 순서는 'Why'로 목적을 재확인시킨 후 'Who'에서 모든 연령층의 인플루언서를 활용한 판매활동 강화라는 특징을 언급한다. 'How'에서 인플루언서를 통해 신제품을 홍보하는 방법과 게임 체험 등을 설명하면 쉽게 전달할 수 있지 않을까?

또한 'What'에서 "즉 이런 내용으로 진행합니다"라고 내용을 총괄하고 'When'에서 일정을 제시, 마지막으로 'Where'로 마무리하는 것이 이번에 수정한 표이다.

반복해서 이야기하지만 표의 순서에는 정해진 답이 없다. '어떻게 설명해야 상대가 받아들일까?'라는 기준으로 자유롭게 항목 순서를 배치하길 바란다.

당신은 착실하게 기획안을 작성하고 자료를 만들어 제출했다. 이때 I 부장에게 들은 첫마디가 "지금까지 아무런 상의도, 보고도 없이 이게 뭐예요!"다.

특별히 기한에 대한 언급이 없었는데 어째서인지 I 부장은 잔뜩 화가 나 있다. "언제까지 제출하라고 말씀하신 적은 없으셨는데요"라고 확인차 묻자 "맞아요"라는 답이 돌아왔다.

업무지시를 받자마자 착수해 일주일 만에 자료를 정리하고 제출했다. 그런데 왜 I 부장은 화가 난 것일까?

대다수의 관리직이
보고·연락·상의가 부족하다며 한숨짓는 이유

I 부장이 화가 난 이유는 본인이 직접 이야기했다. 사실 I 부장은 당신이 아무런 상의도 보고도 하지 않아 신경을 쓰고 있었다.

나는 평소에 수많은 비즈니스퍼슨을 대상으로 연수를 진행하고 있다. 일반사원, 관리직 등 대상은 다양하다. 이때 느끼는 것이 보고·연락·상의를 하는 사람과 받는 사람의 차이다.

보고·연락·상의란?

보고	담당자가 업무나 직무의 진척상황, 결과 등을 전달하는 것
연락	업무와 관련된 정보나 일정을 관계자에게 알리는 것
상의	불명확한 점·문제가 발생했을 때 문제해결 및 의견교환을 위해 상사나 선배·동료의 의견이나 조언을 구하거나, 의논하는 것

관리직에서 자주 듣는 말은 "부하직원이 확실하게 보고, 연락, 상의하지 않아요"다.

한편 부하직원의 입장인 일반사원들은 "저는 제대로 보고하고 연락하고 상의드렸어요"라고 말한다.

왜 서로 다른 말을 하는 걸까?

애초에 비즈니스에서 보고·연락·상의가 중요하다는 것은 여러분도 잘 알고 있을 것이다. 보고·연락·상의의 목적은 문제와 실수를 줄이고, 문제를 빠르게 해결해 업무를 효율적으로 진행하는 것. 조직의 일원으로서 업무를 진행하는데 빠져서는 안 되는 요소다.

하지만 보고·연락·상의의 5W1H(언제, 누구에게, 무엇을, 어디서, 왜, 어떻게 보고·연락·상의해야 하는가)를 정확하게 파악하고 있는 사람은 거의 없다.

나 자신만 되돌아보더라도 누군가에게 보고·연락·상의가 무엇이고, 어떻게 해야 하는지 배운 기억이 없다.

결국 부하직원은 자신의 상황에 맞춰 적당한 타이밍에 보고·연락·상의하게 되고, 상사는 그걸로는 부족하다며 화를 낸다. 부하직원의 입장에서는 열심히 일하다 상사에게 보고·연락·상의했는데 상사가 화를 낸다면 일하는 의욕이 저하될 것이다.

타이밍을 놓치기만 해도 갑자기 상황이 나빠지는 악순환에 빠진다.

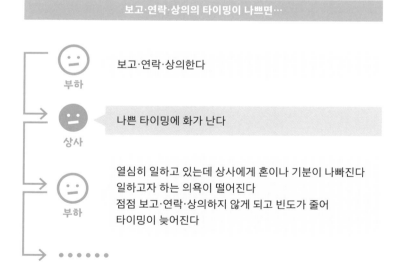

보고·연락·상의의 타이밍이 나쁘면…

부하 — 보고·연락·상의한다

상사 — 나쁜 타이밍에 화가 난다

부하 — 열심히 일하고 있는데 상사에게 혼이나 기분이 나빠진다
일하고자 하는 의욕이 떨어진다
점점 보고·연락·상의하지 않게 되고 빈도가 줄어
타이밍이 늦어진다

보고·연락·상의해야 할 타이밍

그렇다면 언제 보고·연락·상의해야 이런 악순환에 빠지지 않을까? 내가 아는 사람 중에 가장 성질이 급한 사람(=나)이 충분히 이해하는 보고·연락·상의하는 방법을 소개하겠다.

추천하는 보고·연락·상의 타이밍

당일	안건을 그대로 말하기(5W1H)	①
첫 번째 행동	(다음 날) 첫 보고	②
중간	(다음 주) 상황 보고	③
마지막	마감일 전에 결과 보고	④

☑ 예측할 수 없는 사태 악화	☑ 고민될 때
즉시 상황 보고·상의	제안자료 형식으로 상의

우선 ①, 상사에게 지시사항을 들었을 때 5W1H를 중심으로 소리 내어 말한다. 이번 기획안이라면 1장 27~28쪽 I 부장의 이야기를 듣고 "체험단 기획 건은 ○월 ○일 ○시까지 기획서를 정리해서 부장님께 제출하겠습니다"라고 대답한다. 포인트는 마감일 같은 키워드를 파악할 것.

이어서 ②. 당일 혹은 다음 날 "어제 말씀하신 건 이렇게 진행하려고 합니다"라고 첫 번째 행동, 즉 첫 번째 보고를 한다.

I 부장에게 보고한다면 "이번 행사의 취지를 파악해 보았습니다. 행사와 홍보 활동 두 가지 방향으로 기획안을 만들려고 생각하고 있습니다" 이런 형태가 될 것이다.

③이 중간 보고다. 이때 대략적인 숫자를 함께 첨부하는 것도 좋다.

"이번 체험단의 목적은 '한정 인플루언서'를 통해 진행하는 것이므로 이런 방향으로 유명인사를 검토하고 있습니다. 다만 최종적으로는……"

이 시점에는 간단한 것이라도 좋으니 종이나 데이터 자료를 준비한다.

마지막으로 ④ 최종 보고다. 이것이 보고·연락·상의의 기본이다.

물론 예측하기 어려운 상황이나 고민이 생길 때는 이 외의 타이밍에 보고·연락·상의해도 되며, 특별한 문제 없이 진행되는 안건이라도 이 정도는 해야 '충분하게 보고·연락·상의했다'라고 말할 수 있다.

왜 이렇게까지 여러 번에 걸쳐 보고·연락·상의해야 할까? 그것은 일을 맡긴 사람에게 예측할 수 있는 여지를 주기 위해서다. 상사는 일을 맡긴 이상 부하직원이 최선을 다해 주기를 바라면서도 의도를 제대로 파악했는지, 어떤 문제 때문에 고민하고 있는 건 아닌지 걱정하기 때문이다.

특히 중요한 것은 첫 번째 행동이다. 마감 직전까지 아무것도 안 하는 건 아니겠지? 안건을 이해하고 필요한 구성원을 꾸려 움직이고 있겠지? 등 크고 중요한 일일수록 신경을 쓸 수밖에 없다. 이러한 심리상태를 고려해

"현장은 바로 움직일 수 있게 준비해 두었습니다."

"다음 주에는 업체와 만날 예정입니다."

"내일, 긴급회의를 열 예정입니다."

등의 보고를 첫 번째 행동에서 하면 상사는 안심하고 "방향을 아주 잘 잡았네, 앞으로도 잘 부탁하네"라고 말할 것이다.

'그 건은 어떻게 됐죠?' 라는 말은
보고·연락·상의가 부족하다는 신호

참고로 여기에서 제시한 내용은 '가장 성질이 급한 사람(=나)'도 안심하는 보고·연락·상의의 타이밍이다.

상사의 성격이나 당신의 직종·업종에 따라 이런 식의 보고·연락·상의가 오히려 번거로운 경우도 있다. 그럴 때는 ②나 ③(혹은 두 가지 모두)을 적절히 줄인다. 줄이는 방식은 "그렇게 일일이 보고하지 않아도 돼요" 혹은 "다음에는 여기까지 진행됐을 때 보고하세요" 등의 말로 상사가 조언할 것이다.

반대로 상사가 "그 건은 어떻게 됐죠?"라고 말하면 보고·연락·상의가 부족하다는 것을 의미한다. 무조건 빠르게 보고·연락·상의하는 것이 아니라 상사가 원하는 빈도를 생각할 필요가 있다.

한 가지 덧붙이자면 이번 I 부장처럼 "지금까지 아무런 상의도, 보고도 없이 이게 뭐예요!"라고 말한다면 상황은 최악이다. 아무리 좋은 기획을 제안해도 상대는 이미 보고받은 시점부터 부정적으로 생각하게 된다.

이러한 부정적인 감정이 업무 내용에 어느 정도 영향을 미칠지는 안건에 따라, 상대(여기서는 I 부장)의 성격에 따라 다르지만, 평가와 전혀 관계가 없다고는 할 수 없다.

무엇을 어떻게 보고·연락·상의하면 좋을까?

관리직에 있는 사람들이 '보고·연락·상의가 부족해'라고 한숨짓는 배경에는 빈도와 타이밍 외에도 한 가지 요소가 더 있다. 내용이 충분히 전달되지 않는 것이다.

예를 들어 메일로 보고·연락·상의했다고 치자. 메일은 내용을 작성한 다음 충분히 검토한 후에 전송할 수 있고, 상대방도 자신의 상황에 맞춰 확인할 수 있는 편리한 도구다.

하지만 메일도 작성하는 방법에 따라 큰 오해를 불러일으킬 수 있다. 보고자는 "메일로 보고했습니다"라고 생각하겠지만, 보고 받는 입장에선 "메일로 보고했다는 소리 들은 적이 없는데?"라는 사태가 벌어지기도 한다. 과연 무슨 일이 일어난 것일까?

여기서는 메일로 보고·연락·상의하는 가장 바람직한 방법부터 생각해보자. 우선 보고·연락·상의로 바람직한 방법은 결론과 논점을 명확히 할 것이다.

메일은 제목만 봐도 무슨 내용인지 알 수 있어야 한다.

또는 이메일을 보내는 단계에서 아직 결론이 나지 않은 상태라면 논점만큼은 명확하게 할 것. 때때로 상의하는 건지, 보고하는 건지 아니면 확인을 하는 건지조차 알 수 없는 '지난번에 말씀하셨던 건'이라는 제목의 메일을 받을 때가 있는데 이건 정말 말도 안 되는 행동이다.

뭐가 쓰여 있는지 알 수 없는 메일은 열어보지 않을뿐더러 나중에 확인하려고 해도 검색하기 어려울 수 있다.

메일로 보고·연락·상의할 때는 보내기 전 준비가 중요하다. 정확한 보고·연락·상의를 위해서는 다음과 같은 표(나는 이것을 메시지 노트라고 부른다) 작성을 추천한다.

알기 쉬운 메일을 작성하기 위한 메시지 노트

논점	제목	
결론	논점에 관한 결과, 가설	
세부내용	이유를 체계적으로 설명	

오른쪽 빈칸에는 실제 내용을 작성한다.

예를 들어 앞에서 이야기했던 PCR 검사 센터는 어느 정도의 역할을 다한 시점에서 축소 혹은 폐쇄를 검토했다. 하지만

2022년 봄, 여전히 감염자의 증감 전망이 불투명했다.

이러한 상황을 바탕으로 PCR 검사 센터의 기능과 서비스 제공 유지에 대해 소프트뱅크그룹 임원 전체에게 메일을 발송할 때, 다음과 같은 메시지 노트를 먼저 작성해 논점을 정리한 후 실제 메일을 전송했다.

논점	제목	검사 센터 이케다입니다. PCR 서비스 제공 유지에 대해서
결론	논점에 관한 결과, 가설	결론은 '2022년 11월 말까지 유지'합니다
세부내용	이유를 체계적으로 설명	변종 바이러스의 등장으로 전망이 불투명 일반적으로 사전에 PCR 검사를 하는 것이 정착되어 있어 수요는 충분하다 수요에 맞춰 검사 체제 규모는 유연하게 변경한다

포인트는 제목이다. 이 메일에서는 '검사 센터 이케다입니다. PCR 서비스 제공 유지에 대해서'라고 썼다.

나는 CSR 부문을 비롯해 여러 조직에 소속되어 있어서 '이케다입니다. PCR 건에 대해서'라고 쓰면 어디 소속의 입장에서 이야기하는지 바로 알 수 없다. '검사 센터 이케다입니다'라고 소속을 밝혀 어느 입장에서 전달하는 보고인지 알리는 동시에 'PCR 서비스 제공 유지에 대해서'라고 자세한 내용을 작성한다.

　이처럼 제목에 어떤 상황에서 무슨 내용을 전달하는 것인지 쓰면 결론과 내용을 간략하게 작성해도 용건은 충분히 전달된다.

　개중에는 메일에 첨부파일을 보내는 사람도 있는데 나는 기본적으로 텍스트 중심을 선호한다. 프레젠테이션 자료를 보낼 때도 결론을 캡처한 이미지를 삽입해 상대가 메일을 열었을 때 바로 전체 내용을 파악할 수 있게 한다.

　첨부파일만 있는 메일은 파일을 따로 열어야 하는 작은 수고가 상대방에게 부담이 될 수 있다. 게다가 첨부파일은 검색하기 어렵다는 큰 단점이 있다. 다시 생각해봐도 메일 본문만으로 전체를 이해할 수 있도록 작성하는 것이 중요하다.

　이 메시지 노트는 개인용 메모로도 유용하다. 상사처럼 바쁜 사람에게 연락했을 경우는 언제 답이 돌아올지 모른다. 때로는 갑자기 전화가 걸려와 당황할 때도 있다. 그럴 때는 서둘러 '메시지 노트'를 펼쳐 업무에 대응한다.

　보고·연락·상의를 빈도, 내용과 함께 원활하게 실행하면 업무의 진행속도가 빨라진다.

　다음의 포인트를 염두에 두고 신중한 보고·연락·상의를 해보길 바란다.

보고·연락·상의의 포인트

안건의 내용	큰일은 확실하고 자세하게
중요도	중요한 일일수록 신중하게
긴급성	급한 일일수록 촘촘하고 세심하게
의뢰인의 성격	성격이 급한 사람일수록 촘촘하게 계획보다 앞당겨서 실행

표를 사용해 설명하는 방법

드디어 I 부장에게 설명할 시간이 왔다. 이때 가지고 가야 할 것은 순서를 바꾼 5W1H 표와 지금까지 작성한 효과분석표다.

I 부장과 상의하기 위해 만든 임시 5W1H 표

항목		내용	메모 (의문점 및 고려사항)
Why	목적	당사의 주력상품 A로 '한정 인플루언서'를 통해 신제품을 소개하고, 홍보 활동을 통한 차별화된 상품설명과 정보전달로 상품의 판매활동 강화	
Who	관계자	주체: 당사 협력: 광고회사 서포터+PR 　　　광고대행사 기획 운영	

		인플루언서: (학생, 20대, 30대, 40대, 50대 이상 각 10명 이내 인원, 남녀 혼합) 100~250명= 각 50명×3~5곳 유명인사 A 씨	
How	세부내용	행사: 각지에서 장소를 빌려 3시간 행사로 아래 내용을 실시 • 특징설명과 유명인사의 체험담 • A제품 체험과 게임을 통한 체험 • 홍보에 관련한 활동방법 설명 홍보 활동: 인플루언서 오프라인 모임, SNS 업로드 등 • 오프라인 모임 연 8회 이상, SNS 75건 업로드(주 1~2회) 이상→A제품 무료, 차기 신제품 우선 체험 전체비용: 도쿄 800만 엔(장소 300만 엔+운영 300만 엔+설비 200만 엔) 판촉효과: ?	3시간= 오프닝·설명 30분 체험 45분 게임 60분 홍보 45분 등등 ?
What	개요	행사: 한정된 인원만 참여할 수 있는 신제품 체험단 홍보 활동: 행사 후 홍보 활동 촉진	
When	시기	행사: 6월 홍보 활동: 6월부터 1년간	
Where	장소	전국 3~5곳(도쿄 신주쿠 ××시설+2곳 또는 4곳)	동시에 5곳은 곤란?

▨ : 이번 제안사항

효과분석표 ① 유명인사

전제 및 평가해야 할 포인트

- 수십 명(학생, 20대, 30대, 40대, 50대 이상. 각 10명 이내 인원. 남녀혼합)의 인플루언서 호감도는?
- A제품과 업계에 대해서 전문성을 갖추고 있거나 활동 이력이 있는가?
- 접하기만 해도 특별하다고 느끼는가?

	연령	종합평가	호감도	전문성	특별함
A 씨	30대	8	4 전 세대	3	1 초인기 아이돌
B 씨	40대	7	3 30대 이상 여성	3	1 배우
C 씨	10대	6	2 10대 여성 중심	4 관련 연재 있음	-

효과분석표 ② 개최 시기

전제 및 평가해야 할 포인트

- 가능한 한 빨리=속도=현시점에서 가장 빠르게 진행할 수 있는가? 빠른 순서부터 5점
- 특별·한정=특별함을 연출하기 위한 시간은 충분한가? 단, 길다고 다 좋은 건 아니다
- 실제로 개최할 수 있는가=실현 가능성=장소 섭외로 검토

	종합평가	속도	특별함	실현 가능성
5월	7	5 가장 빠른 시기	1 장소 세팅 거의 불가능, 특별함 없음	1 장소 섭외 불가능 특별요금 발생으로 비용이 1.2배 이상

6월	10	4 여름 판매 성수기 직전	3 최소한 준비할 시간은 있음	3 주요 도시의 공실 확인 완료
8월	7	1 판매 성수기 이후	3 디테일한 부분까지 준비 가능	3 주요 도시의 공실 확인 완료

효과분석표 ③ 도쿄 개최장소

전제 및 평가해야 할 포인트

· 100명 정도를 수용하고, 필요한 설비가 갖춰져 있는 장소
· 많은 인원의 다양한 인플루언서가 모이는 만큼 편리한 접근성으로 참가율을 높인다
· 6월 주말에 개최할 수 있고 현재 공실일 것

	종합평가	접근성	설비·분위기	비용
시나가와 ●●홀	11	5 지하철역 도보 5분 평지	4 신축, 깨끗	2 400만 엔
시부야 △△호텔	11	4 지하철역 도보 7분	3 보통	4 300만 엔
신주쿠 ××시설	12	4 지하철역 도보 8분	3 보통	5 250만 엔

효과분석표 ④ 도쿄 이외의 개최지

전제 및 평가해야 할 포인트
- 수십 명(학생, 20대, 30대, 40대, 50대 이상 각 10명 이내 인원. 남녀 혼합)의 인플루언서를 모을 수 있는가?
- 도시 규모는 100만 명 정도의 인구가 되는가?
- 제품 A를 구매할 수 있는 경로(채널)의 수는 어떠한가?

	종합평가	도시의 규모 (인플루언서 수)	채널
삿포로	9	4 100만 명 전후	5 3채널 이상
센다이	9	4 100만 명 전후	5 3채널 이상
요코하마	5	- (도쿄 근처)	5 3채널 이상
니가타	5	2 70만 명 전후	3 2채널
나고야	8	5 200만 명 이상	3 2채널
오사카	10	5 200만 명 이상	5 3채널 이상
고베	7	4 100만 명 전후	3 2채널
히로시마	5	4 100만 명 전후	1 1채널
후쿠오카	10	5 200만 명 이상	5 3채널 이상
나하	1	1 50만 명 이하	0 없음

I 부장에게는 141~142쪽 표로 순서를 바꿔 시뮬레이션한 대로 한 항목씩 설명했다. 'Who'의 유명인사를 설명할 때는 '왜 이 사람이 적합하다고 생각했는지', 'When'에서 시기를 설명할 때는 '왜 6월을 제안했는지' 효과분석표를 번갈아 제시하면서 진행한다.

I 부장은 고객을 끄덕여가며 이야기를 들었다. 'Where'까지 설명을 모두 들은 후 이렇게 말했다.

I 부장

불확실한 정보였는데 다방면으로 생각해주었네요. 그런데 방금 이야기한 장소 말이죠. 지금 언급된 도시들로 괜찮을까요? 지금까지 저는 유사상품의 판매상황과 시장 점유율을 고려해 현재 자사 제품의 판매실적이 좋지 않은 곳을 중점적으로 공략해 실적을 올려 왔거든요. 이번 기획도 그런 지역에서 행사를 개최해야 의미가 있지 않을까요?

그리고 한 가지 궁금한 게 있는데 모집하려는 인플루언서 말인데요. 인플루언서 모집방법은 정확한 데이터를 바탕으로 진행한 건가요? 우리 회사 제품의 고객층 데이터를 자세히 검토한 후 전체적인 수준을 끌어올려 줬으면 좋겠어요. 이 부분들을 수정해서 3일 후에 다시 보고받는 거로 하죠.

당신은 전체적으로 나쁘지 않았던 반응에 안도하면서도 3일이라는 기한에 깜짝 놀랐다. 하지만 신제품 체험단 기획을 제출해야 하는 영업마케팅 전략회의는 4일 후라고 들었기 때문에 어떻게든 해내야만 한다.

정확한 보고·연락·상의는 나를 위해서이기도 하다

사실 131쪽에서 I 부장이 짜증을 냈던 배경에는 회의 일정이 있었다. I 부장은 회의 일정을 당신에게 전달했었다. 반면 당신은 이번 회의의 의제가 자신의 기획이라는 것을 명확하게 파악하지 못했다.

I 부장의 입장에서는 회의가 하루하루 다가오고 있는데 당신이 아무런 보고·연락·상의도 하지 않는다. 이런 상황에 화가 난 것이다. 이렇듯 보고·연락·상의가 부족해 업무 효율이 떨어지고, 야근으로 이어지는 경우가 실제로 끊이지 않는다.

앞에서 '마음속 상상회의'의 중요성을 이야기했었다. 하지만 아무리 마음속 상상회의를 연습한다 해도 상사와 당신은 서로 다른 인간이다. 빠짐없이 모든 걸 다 알고 미리 준비할 수는 없다.

그렇다면 어떤 준비가 부족한가? 어떤 점이 특별히 중요한가? 무엇을 생각하고 있어야 하는가?

정확한 타이밍의 보고·연락·상의로 업무의 방향성과 준비 과정을 공유하면 이러한 점들을 확인할 수 있다. 만약 사전에

충분히 공유되지 않았더라도 보고·연락·상의한 시점에서

"이 숫자는 미리 준비해둬."

"이 부분은 조금 부족하니까 다른 아이디어를 생각해봐."

와 같은 피드백을 받으면 마감일을 앞두고 야근해야 하는 일은 피할 수 있다.

그런 의미에서 보고·연락·상의는 상사를 안심시키기 위한 것만이 아니라, 부하직원인 당신이 효율적으로 일할 수 있게 만드는 것이기도 하다.

상사와 함께 업무를 진행할 때는 보고·연락·상의를 어떻게 활용할 것인가가 매우 중요하다.

당신이 편하게 일하기 위한 플러스알파인 보고·연락·상의를 나는 '포석'이라고 부른다. 이 '포석'을 능숙하게 깔 수 있게 되면 업무는 더욱 순조롭고 쉬워진다.

포석에 대해서는 4장 197쪽에서 자세히 이야기하도록 하겠다.

피드백을 받고 수정한다

지금부터는 'Where'와 'Who'에 대해 다시 검토해보자.

Where에서는 전제 및 평가해야 할 포인트에 '제품의 판매 점유율을 참고해 실적 향상을 계획한다'라는 요소를 더해야 할 필요가 있다. 그래서 145쪽의 효과분석표를 다음과 같이 수정했다.

I 부장에게 지적받은 사항을 반영한 효과분석표 ④

전제 및 평가해야 할 포인트

- 수십 명(학생, 20대, 30대, 40대, 50대 이상 각 10명 이내 인원. 남녀 혼합)의 인플루언서를 모을 수 있는가?
- 도시 규모는 100만 명 정도의 인구가 되는가?
- 제품 A를 구매할 수 있는 경로(채널)의 수는 어떠한가?
- 판매 점유율을 참고해 실적 향상을 계획한다

	종합평가	판매 점유율	도시의 규모 (인플루언서 수)	채널
삿포로	9 → 12	3 점유율 20% (평균)	4 100만 명 전후	5 3채널 이상
센다이	9 → 12	3 점유율 20% (평균)	4 100만 명 전후	5 3채널 이상
요코하마	5 → 9	4 점유율 15%	- (도쿄 근처)	5 3채널 이상
니가타	5 → 9	4 점유율 15%	2 70만 명 전후	3 2채널
나고야	8 → 13	5 점유율 10%	5 200만 명 이상	3 2채널
오사카	10 → 12	2 점유율 25%	5 200만 명 이상	5 3채널 이상
고베	7 → 12	5 점유율 10%	4 100만 명 전후	3 2채널
히로시마	5 → 8	3 점유율 20% (평균)	4 100만 명 전후	1 1채널

후쿠오카	10 → **12**	2 점유율 25%	5 200만 명 이상	5 3채널 이상
나하	1 → **6**	5 점유율 10%	1 50만 명 이하	0 없음

보다시피 지금까지 검토에서는 선택지 밖이었던 '나고야'가 13점으로 1등을 차지했다. 그래서 도쿄 이외의 지역에서 개최한다면 나고야가 최우선이고 이어서 삿포로, 센다이, 오사카, 고베, 후쿠오카를 검토해야 한다. 제안할 장소는 최소 2곳, 최대 7곳이다.

이어서 Who를 재검토해보자. I 부장의 지시대로 전체적인 수준을 끌어올려야 할 필요가 있다.

그렇다면 어떻게 모집해야 전체적인 수준을 끌어올릴 수 있을까? 이때 보통 실시하는 것은 '확실한 근거'를 찾는 공정이다. 자사 제품이 어느 세대 혹은 어떤 성별에서 팔리는가, 팔리지 않는가를 조사해 '어느 타깃층을 설정해야 수준 향상으로 이어지는지' 검토할 필요가 있다.

다만 이 조사방법 자체는 흔히 말하는 마케팅 수법이므로 자세한 설명은 생략한다. 마케팅부에 요청해 다음과 같은 남녀·연령대별 표를 받았다 치고 이야기를 진행하겠다.

유사제품의 고객층(%)

	남성 판매구성비율	여성 판매구성비율	합계
학생	5	2	7
20대	15	8	23
30대	15	10	25
40대	15	5	20
50대 이상	10	2	12
그 외	5	8	13
합계	**65**	**35**	**100**

이 표에서 알 수 있는 것은 나이와 관계없이 모든 세대에서 남성보다 여성의 구매비율이 낮다는 것. 즉 대체로 여성 고객층의 판매실적이 약하다는 것이다.

'실적 향상'이라는 요소를 더해 인플루언서 남녀구성비율을 '남성:여성=4:6'으로 모집하기로 했다.

이러한 검토를 바탕으로 수정한 5W1H 표는 다음과 같다.

수정한 5W1H 표(I 부장의 관심이 높은 Where를 고려해 한 칸 위로 이동)

항목		내용	메모 (의문점 및 고려사항)
Why	목적	당사의 주력상품 A로 '한정 인플루언서'를 통해 신제품을 소개하고, 홍보 활동을 통한 차별화된 상품설명과 정보전달로 상품의 판매활동 강화	
Who	관계자	주체: 당사 협력: 광고회사 서포터+PR 　　　광고대행사 기획 운영 인플루언서: (학생, 20대, 30대, 40대, 50대 이상 각 10명 이내 인원, 남녀혼합비율 여성 60%) 100~350명=각 50명× 2~7곳 유명인사 A 씨	
How	세부내용	행사: 각지에서 장소를 빌려 3시간 행사로 아래 내용을 실시 • 특징설명과 유명인사의 체험담 • A제품 체험과 게임을 통한 체험 • 홍보에 관련한 활동방법 설명 홍보 활동: 인플루언서 오프라인 모임, SNS 업로드 등 • 오프라인 모임 연 8회 이상, 　SNS 75건 업로드(주 1~2회) 　이상→A제품 무료, 차기 신제품 　우선 체험 전체비용: 도쿄 800만 엔(장소 300만 엔+운영 300만 엔+설비 200만 엔) 판촉효과: ?	3시간= 오프닝· 설명 30분 체험 45분 게임 60분 홍보 45분 등등 ?

What	개요	행사: 한정된 인원만 참여할 수 있는 신제품 체험단 홍보 활동: 행사 후 홍보 활동 촉진	
Where	장소	전국 2~7곳(도쿄 신주쿠 ××시설+1곳 또는 6곳)	도쿄, 나고야, 삿포로, 센다이, 오사카, 고베, 후쿠오카 동시에 7곳은 곤란?
When	시기	행사: 6월 홍보 활동: 6월부터 1년간	

확실한 증거를 찾는다

"수치로 파악하지 않으면 반드시 쇠퇴한다. 조사해서 수요를 명확히 해라!"

2006년, 내가 손 사장을 처음 만났을 때 들었던 말이다.

당시에 나는 손 사장이 한 질문에 대해 숫자의 근거 없이 "현장의 감각으로는……"이라고 설명했다. 그러자 "당신의 개인적인 감각 따윈 관심 없어요!"라는 말과 함께 들었던 지적이다.

앞의 사례에서 I 부장에게 "데이터를 자세히 검토한 후"라는 말을 들었듯 숫자와 근거는 비즈니스에서 매우 중요하다.

그래서 이번에는 소프트뱅크에서 마케팅을 담당했던 내 시점에서 본 숫자와 근거를 다룰 때 주의해야 할 세 가지 점을 이야기하겠다.

숫자는 의미까지 확실하게 파악한다

숫자는 읽는 방법에 따라 의미가 크게 달라진다.

예를 들어 제품의 만족도를 측정하는 설문 조사에서 '95%

가 만족하고 있다'라는 결과가 나왔다면 높은 평가를 받았다고 생각하기 쉽다. 하지만 이것을 "95%가 만족하고 있다는 높은 평가를 받았습니다"라고 설명하면 바로 '오류'가 된다.

왜냐하면 '95%'라는 숫자가 정말로 높은 것인지 해당 시점에서는 알 수 없기 때문이다. '95%'라는 숫자의 의미는 다른 상품의 만족도 평가와 비교하거나 같은 제품의 지난 분기 평가를 비교해야 알 수 있다.

평균이 98%인데, 이번 결과가 95%라면 만족도가 떨어진 셈이다. 그 외에 만족도가 90%인 제품, 100%인 상품이 있다면 이번 제품은 평범한 평가를 받은 것이지 결코 높은 평가라고 할 수 없다.

만약 '95%가 만족'이라는 숫자를 얻었더라도 숫자의 의미를 바르게 추론해야 숫자를 사용할 수 있다.

어떻게 다루냐에 따라 숫자는 바뀐다

간단한 조사로 '좋음, 보통, 나쁨'처럼 대략적인 평가를 알고 싶을 때가 있다. 이때 이 세 가지 선택 중 하나를 선택하는 형식으로 질문해서는 안 된다. 이럴 때는 '매우 좋음, 좋음, 보통, 나쁨, 매우 나쁨'처럼 오지선다형으로 물어야 원하는 조사의 답을 얻을 수 있기 때문이다.

왜 이런 기술적인 주의가 필요할까? 그건 사람의 특성상 양

쪽 끝에 있는 항목을 선택하는 사람이 적기 때문이다.

예를 들어 '좋음, 보통, 나쁨'이라는 세 가지 선택형으로 물으면 "꽤 괜찮은데?"라고 생각해도 '보통'을 선택하는 경향이 있다. 혹은 "좀 별론데"라고 생각하는 사람도 '보통'을 선택한다.

이렇게 되면 '보통'에는 '진짜 다 별로'와 '꽤 괜찮음', '좀 별로야'라는 의견이 섞인다. 이렇게 되면 조사결과의 신뢰도가 떨어진다. 신뢰할 수 있는 값을 얻기 위해서는 조사방법이 매우 중요하다.

단 하나의 적당한 숫자가 나머지 모든 숫자를 못 쓰게 만들기도 한다

손 사장의 "수치로 파악하지 않으면 반드시 쇠퇴한다."라는 말을 마음속 깊이 새겼지만, 알면서도 저지른 실패담을 소개하겠다.

소프트뱅크에서 사내벤처를 장려하던 시절, 사실 나도 하나의 신규 사업을 창업했다가 정리한 적이 있다.

창업 아이템은 온라인으로 스포츠 코칭을 제공하는 서비스였다. 이용자는 자신이 연습하는 모습을 스마트폰이나 태블릿으로 촬영해 업로드한다. 전문 코치가 해당 영상에 음성이나 댓글로 첨삭하거나 시범 영상을 촬영해 전송한다. 본인이 편한 시간에 할 수 있다. 멀리 있어도 질 높은 지도가 가능하다.

획기적인 서비스로 출시했다.

물론 출시하기 전, 예상 고객에 대해 면밀한 조사를 했다. 고객은 코칭을 받으려는 이용자와 코치다. 우선 이용자의 수요는 설문 조사를 통해 파악할 수 있었다. 한편 어려움을 겪은 것이 코치의 수요였다.

애초에 전문적인 지도자의 수가 적어 좀처럼 수요를 파악하기 어려웠다. 많지 않은 코치 중 지인에게 조언을 구했더니, 주변 코치진에게 물어봐 주겠다고 했다. 거기서 얻은 의견은 "내 주변 사람들은 다 사용하겠다고 하더라고요"라는 말이었다.

원래대로라면 거기에서 멈췄어야 했다. 하지만 내가 매우 신뢰하는 지인이라는 점. 그리고 일을 똑 부러지게 하는 사람이라는 점도 있어 지인 말만 믿고 사업을 밀어붙였다.

그렇다면 실제로 창업한 후 어떻게 되었을까? 뚜껑을 열어 보니 실제 수요는 예상의 10분의 1 이하라는 참담한 결과였다. 자신이 연습하는 모습을 봐주길 바라는 이용자는 많았지만, 그걸 봐주는 코치가 부족했다. 결국 사업성 악화로 회사를 정리할 수밖에 없었다.

아무리 치밀하게 분석하고 면밀하게 준비해도 단 하나의 숫자를 적당히 허용했다는 이유만으로 큰 틀이 기울어진다.

'인터넷에서 봤어요', '예전에 이랬어요', '주변 사람들이 이렇게 말했어요'라는 의견은 뒷받침이 될 만한 근거가 되지 않으며 어디까지나 참고 값에 불과하다. 내용을 그대로 받아들이지 말고 확실한 숫자의 근거를 찾는 것이 무엇보다 중요하다.

표로 결과를 내다

제안은 누구에게
해야 할까?

첫 번째 안으로 I 부장의 엄격한 평가를 받은 당신의 기획은 여러 피드백과 확실한 근거를 토대로 다음과 같은 표로 수정되었다.

영업마케팅 전략회의를 위한 5W1H 표

항목		내용	메모 (의문점 및 고려사항)
Why	목적	당사의 주력상품 A로 '한정 인플루언서'를 통해 신제품을 소개하고, 홍보 활동을 통한 차별화된 상품설명과 정보전달로 상품의 판매활동 강화	
Who	관계자	주체: 당사 협력: 광고회사 서포터+PR 광고대행사 기획 운영 인플루언서: (학생, 20대, 30대, 40대, 50대 이상 각 10명 이내 인원, 남녀혼합비율 여성 60%) 100~350명=각 50명× 2~7곳 유명인사 A 씨	

3장 표로 결과를 내다   160

How	세부내용	행사: 각지에서 장소를 빌려 3시간 행사로 아래 내용을 실시 • 특징설명과 유명인사의 체험담 • A제품 체험과 게임을 통한 체험 • 홍보에 관련한 활동방법 설명 홍보 활동: 인플루언서 오프라인 모임, SNS 업로드 등 • 오프라인 모임 연 8회 이상, SNS 75건 업로드(주 1~2회) 이상→A제품 무료, 차기 신제품 우선 체험 전체비용: 도쿄 800만 엔(장소 300만 엔+운영 300만 엔+설비 200만 엔) 판촉효과: ?	3시간= 오프닝·설명 30분 체험 45분 게임 60분 홍보 45분 등등 ?
What	개요	행사: 한정된 인원만 참여할 수 있는 신제품 체험단 홍보 활동: 행사 후 홍보 활동 촉진	
Where	장소	전국 2~7곳(도쿄 신주쿠 ××시설+1곳 또는 6곳)	도쿄, 나고야, 삿포로, 센다이, 오사카, 고베, 후쿠오카 동시에 7곳은 곤란?
When	시기	행사: 6월 홍보 활동: 6월부터 1년간	

이쯤에서 다음과 같은 의문을 가진 사람도 있을 것이다.

"지금까지 '어떻게 하면 신제품 판촉으로 이어갈 수 있을까?'라고 고민해놓고 부장 때문에 바꾼 거 아니에요? 이건 회사가 원하는 방향으로 일을 하는(고객과 상관없이) 거나 마찬가지 아닌가요?"

"결국 자신의 성공체험에서 벗어난 결정은 하지 못하는 I 부장을 위해 타협해도 되는 건가요?"

A사의 경우에서 '나'의 입장이라면 수정하는 것이 정답이다. 그 이유를 생각하기 전에 애초에 전제 사항을 이야기해보자.

많은 사람이 자신의 상사에게 상사라면 '나아가야 할 방향과 수요를 정확'하게, 자신과 기획을 판단해 주길 바란다. 당연한 바람이며 상사의 역할을 담당하는 이상, 이것을 꾸준히 실천해야 할 목표로 두어야 한다. 상사 또한 그렇게 하고 싶다, 그래야만 한다고 생각해야 하지 않을까?

다만 그 이전에 상사도 인간이다. 어쨌든 과거의 성공과 실패의 경험이 판단 기준이 된다. 자신이 알고 있는 것을 익숙하게 느끼고, 처음 듣는 내용은 낯설게 받아들인다. 이전에 실패한 것에는 무의식중에 거부반응을 드러내기도 한다. 이런 전제가 깔린 것이다.

지금까지 소개해 온 표로 생각하고, 표로 전달하는 기술은 '인간이자 결재권자'에게 '나아가야 할 방향과 요구'를 순서대로 논리적으로 어필하는 도구다.

하지만 인간이 어딘가에서 본 정답 이외의 것을 근거로 사물을 판단하는 것 또한 사실이다.

앞의 사례에서 당신은 먼저 자신의 생각을 설명하고 상사를 설득하려 했다. 하지만 당신이 준비한 내용으로는 상사의 생각을 바꿀 수 없었다. 마지막 단계가 돼서도 바꿀 수 있는 무기를 준비하지 못했다. 그렇다면 바꾸지 않고 계획을 틀기보다 부분적으로 수정해서라도 기획을 성립시키는 것이 결과적으로 얻는 것이 크지 않을까?

조직에서도 생각한 대로 일해서 결과를 낸다

그렇다면 상사와 생각이 다르거나 상사가 고지식한 사람이라서 생각한 대로 일할 수 없을까?

꼭 그렇지만은 않다. 여기에서는 두 가지 관점으로 상사와 자신의 차이를 좁힐 수 있다. 하나는 기대치 또 다른 하나는 인간으로서의 상사이다.

이 두 가지 관점을 통해 자신이 생각한 대로 일을 쉽게 진행하는 것 말고도 지금까지 이야기해왔던 표 만들기의 정확도를 높일 수 있다.

곧바로 하나씩 살펴보자.

'기대치'라는 말을 들어본 적이 있는가? 보통 수학에서는 '확률적으로 얻을 수 있는 평균'이라고 말하는데, 나는 조금 다른 뉘앙스로 사용한다. 바로 상대가 나에게 기대하는 것이다.

다만 기대하는 것이라고 하면 "○○ 씨가 ××해주면 좋을 텐데", "자네의 활약을 기대하고 있네"처럼 막연한 바람이나 애매한 상황에서도 사용하기 때문에 구체적으로 적용해 기대치라는 말을 사용하고 있다.

일하면서 '상대가 기대하는 것'을 생각한다. 말로 들으면 당연한 거 아니야, 라고 생각할지 모른다. 그런데 당연하다고 생각하지만 진짜 의미를 이해하고 실천하는 사람은 없다. 반대로 말해 기대치를 생각하면 많은 사람의 업무가 지금보다 훨씬 순조롭게 진행될 것이다.

기대치에는 두 가지 종류가 있다

앞에서 기대치를 상대가 '나'에게 기대하는 것이라고 바꿔 말했다. 여기서 '나'라는 말로 함께 묶은 데는 이유가 있다.

'나'에게는 두 가지 의미가 있기 때문이다.

　하나가 당신이라는 인물에 대한 기대치. 또 다른 하나는 당신이 하는 일에 대한 기대치다.

　여기서 다시 신제품 체험단 사례로 돌아가 살펴보자. I 부장의 지시를 떠올려 보면 I 부장은 이렇게 말했다.

I 부장

우선 당신을 중심으로 기획을 세운 다음 내부 의사결정을 거쳐 다시 영업마케팅 전략회의에서 발표하는 거로 하죠. 이 기회가 제대로 실현되면 좋겠군요. 기대할게요.

　I 부장은 당신에게 왜 이런 지시를 내렸을까? 지시를 내리면 당신이 영업마케팅 전략회의에 제출할 계획을 생각할 것이라고 '기대'했기 때문이다.

　"이 사람은 이 정도의 일을 할 수 있어."

　"이 건은 이 사람에게 맡기면 잘 해낼 거야."

　이것이 '인물'에 대한 기대다.

　그리고 I 부장은 당신에게 업무를 맡기면서 이 정도 수준과 종류의 계획을 갖고 올 것이라고 생각했을 것이다. I 부장이 생각한 수준이 '당신이 하는 일'에 대한 기대치다. '안건'에 대한 기대치라고 생각해도 좋다.

두 종류의 기대치는 일 말고도 다양항 상황에서 일어나고 있다.

두 종류의 기대치

	의뢰인의 속마음	성질
사람에 대한 기대치	"이 사람이라면 이 정도의 일을 해주겠지." "이 건은 이 사람에게 맡기면 잘 해낼 거야."	• 신뢰가 깊고, 매우 견고하다 • 꾸준한 달성으로 더욱 큰 안건이나 어려운 업무를 맡게 된다 • 달성하지 못하면 실망한다, 평판이 떨어진다
안건에 대한 기대치	"이 정도 수준으로 갖고 오겠지." "이 정도의 완성도겠지."	• 안건별로 발생해 신뢰를 쌓을 수 없다 • 달성하지 못하면 의욕을 갖고 일하는지 의심받는다, 혼이 난다

예를 들어 어떤 가정에서 엄마와 5세 아이가 이야기하고 있는 장면을 상상해보자.

엄마는 아이에게 "방안에 어질러진 장난감 잘 정리해 두렴"이라고 말하고 나서 장을 보러 나갔다. 이때 엄마는 '장난감은 전부 장난감 상자에 담고, 장난감 상자도 수납장에 넣어 바닥에 아무것도 없는 상태로 만드는 것이 정리'라고 생각했다. 그리고 '우리 아이라면 충분히 할 수 있을 것'이라고 기대하며 정리를 지시했다.

'장난감은 전부 장난감 상자에 담고, 장난감 상자도 수납장에 넣어 바닥에 아무것도 없는 상태'는 엄마가 생각하는 정리의 기대치이며, 엄마는 아이에게 '정리를 잘할 거야'라는 기대치를 갖고 있다.

그런데 아이는 '장난감으로 가득한 바닥에 지나다닐 길을 만드는 것을 정리'라고 생각했다. 그래서 엄마가 돌아오기 전까지 장난감을 방구석으로 밀어놓고 지나다닐 공간을 확보했다.

엄마가 집에 돌아오면 눈을 치켜뜨며 화를 낼 것이다. 화가 난 이유는 '우리 아이라면 충분히 할 수 있을 거야'라는 기대치를 배신한 것, 그리고 '정리'라는 기대치를 만족시키지 못했기 때문이다.

한편 아이 쪽으로 시선을 돌려보자. '지나다닐 길을 만들어 자기 나름대로 정리'를 했다고 생각했는데 엄마에게 혼이 났다. 이런 상황이 반복되면 "엄마 미워!"라고 말하게 될지도 모른다.

상사와 부하가 기대치를 생각해야 하는 이유

만약 이 책을 보고 있는 사람이 '엄마'의 입장, 상사에 해당한다면 부디 생각해보길 바란다.

"정리한 방식을 두고 '아이의 잘못'이라고 말할 수 있나요?"

결과만 놓고 보면 방이 정리되지 않은 상태이니 화가 나는 마음도 이해된다. 하지만 애초에 엄마가 어떤 상태를 바라는지 말하지 않았던 것도 잘못이지 않을까? 정확하게 전달하지 않고 '하나도 정리되지 않았잖아!'라고 화만 내서는 개선할 수 없다.

기대에 보답하진 않았지만 아이는 아이 나름대로 정리를 했다. 그 자체는 칭찬해줄 필요가 있다.

그래도 아이의 입장, 부하직원에 해당하는 사람이라면 '상사가 당신에게 무엇을 기대하는지 정확히 파악하려고 했는지' 생각해야 한다. 정리가 지나다닐 길 만들기라고 제멋대로 결정하고 움직였기 때문에 결국 혼나는 건 자신이다.

어떠한 지시를 받았다면 상대가 나에게 그리고 그 안건에 대해 어떤 기대치를 갖고 있는지, 어떤 성과를 바라는지 생각해야만 상사와 엄마를 만족시킬 수 있다.

신제품 체험단처럼 표를 사용해 기획을 세우는 경우, 지시한 사람이 어떤 기대치를 갖고 있는지 처음부터 생각했느냐에 따라 평가가 크게 달라진다.

평가는 상대가 가지고 있는 기대치와의
차이에서 결정된다

업무를 할 때 혹은 방안을 정리할 때 상대의 기대치를 생각하면 다음과 같은 변화가 생긴다.

· 어디까지 해야 하는지가 명확해져 효율성이 높아진다
· 해야 할 목표가 명확해져 의욕이 생긴다

정리를 예로 하나씩 살펴보자. 우선 '어디까지 해야 하는지'에 대해서.

엄마는 "방안에 어질러진 장난감 잘 정리해 두렴"이라고 말한 후 외출했다.

이때 엄마의 기대치를 정확히 이해했다면 '장난감은 전부 장난감 상자에 담고, 장난감 상자도 수납장에 넣어 바닥에 아무것도 없는 상태'로 만들어야 한다는 것을 바로 알 것이다.

즉 장난감 상자에 모든 장난감을 넣어두었다면 그 속에 장난감은 뒤죽박죽인 상태여도 괜찮고, 장난감 상자를 수납장에 넣어두었다면 뚜껑이 열려 있어도 혼나지 않을 것이다.

정리해야 할 것은 '바닥에 떨어져 있는 장난감'이지, 책상위에 널브러져 있거나 서랍 속에 어질러져 있는 것이 아니다.

기대치를 이해하고 노력하면 무엇을, 어디까지 해야 하는지를 명확하게 알 수 있다. 상대가 특별히 요청하지 않은 '플러스 알파'에 시간과 노력을 들이지 않아도 된다. 업무의 효율성이 높아진다.

반대로 기대치를 이해하지 못한 채 일에 몰두하면 상대가 신경 쓰지 않는 사소한 부분에만 힘을 쏟아 생산성이 떨어진다.

이어서 '해야 할 일의 목표'에 대해서.

인간의 인지능력은 신기하게도 목표를 명확하게 그린 순간, 결승선을 향해 달려가는 능력이 높아진다. 그래서 정리한 후의 상태를 정확하게 공유하면 그 상태를 유지하는 난이도 자체가 낮아진다.

기대치는 아슬아슬하게 넘기는 것이 정답?

기대치를 파악하면 생산성이 높아져 업무 효율화로 이어진다. 이렇게 말하면 "항상 기대치를 아슬아슬하게 넘기는 것이 가장 좋겠네요"라고 생각하는 사람이 있을지도 모른다.

하지만 그건 너무 성급한 생각이다. 사실 기대치는 '최소한을 넘기지 못하면 평가받지 못하는 기준선'이다. 오히려 그 선을 크게 넘겨야 얻을 수 있다. 상대에게 기쁨과 놀라움을 안기는-이른바 서프라이즈다.

몇 년 전 딸의 생일을 기념해 디즈니랜드에 갔었다. 생일날 디즈니랜드에 가면 생일 스티커를 받을 수 있다. 눈에 잘 띄는 곳에 스티커를 붙이면 캐스터들을 비롯해 많은 사람으로부터 생일 축하 인사를 받는다. 수많은 사람과 디즈니 캐릭터들에게 축하를 건네받은 딸은 기쁨을 감추지 못했다. 웃음이 끊이지 않는 행복한 하루를 보냈다.

그날은 자가용을 타고 다녀왔는데, 디즈니랜드에서 집으로 돌아오는 차 안에서도 딸의 웃음이 끊이지 않았다. 집에 도착해 "오늘 재미있었지?"하고 물으며 차에서 내리는데 와이퍼에 생일 스티커가 끼워져 있는 것을 발견했다. 스티커에는 손으로 쓴 '축하해요!' 메시지가 적혀 있었다.

순간 나는 소름이 돋았다. 곰곰이 생각해보면, 우리 차는 온종일 디즈니랜드 주차장에 세워져 있었다. 중간에 차에 돌아온 적도 없고, 차 주변에서 생일 이야기를 꺼냈던 기억도 없다.

이 차의 주인이 생일이라고 어떻게 알았을까? 어딘가에서 누군가 우리를 지켜보다 슬며시 생일 스티커를 붙이고 갔다고 생각하면 무서운 느낌이 드는 게 당연하지 않을까?

하지만 생일 스티커 뒤쪽을 본 순간, 두려움이 한순간에 사라졌다. 스티커 뒷면에는 '365일 중의 하루. 오늘 이렇게 멋진 번호가 디즈니랜드에, 방문을 기념하며 감사하는 마음을 담아 멋진 하루 보내시길'이라는 메시지가 쓰여 있었다. 우리 집 차 번호는 딸의 생일이었다. 아마도 오늘 날짜와 같은 숫자(예를 들어 11월 18일이라면 1118) 번호판 차량에는 '누군가 생일인 사람이 있겠지'라고 생각해 이런 서프라이즈를 준비한 것이 아닐까?

그날 우리는 '생일인 딸을 데리고 디즈니랜드에 가서 많은 사람에게 축하를 받으면 딸에게 좋은 추억이 되겠지?'라는 기대치를 가지고 디즈니랜드에 갔다. 분명 기대한 그대로였다. 그런데 거기에다가 '자동차에 축하 메시지가 붙어 있던 일'은 기대치를 훌쩍 뛰어넘은 서프라이즈였다. 상대의 예상을 뛰어넘는 서프라이즈를 제공하면 순식간에 신뢰를 얻을 수 있다. 그것을 온몸으로 실감한 일이었다.

누구의 기대치를 읽어야 할까?

여기서 의문을 떠올리는 사람들이 있을 것이다.

"신제품 체험단 기획은 어쨌든 상사의 지시이지만, 결국은 영업마케팅 전략회의가 있고 더 나아가 여론의 평가까지 있잖아요. 그럼 누구의 기대치를 생각해야 하나요?"

바로 가장 가까이에서 결재권을 가진 사람, 승인자다. 회사라는 구조상, 여론과 전체 회의에서 승부를 보기 위해서는 반드시 직전 단계를 통과해야만 한다. I 부장의 결재를 받지 못하면 전체 회의로 넘어갈 수 없다. 그렇다면 일단은 I 부장의 기대치를 생각하는 것부터 시작해야 한다.

그렇다면 I 부장의 기대치를 통과하려면 어떻게 해야 할까? I 부장의 발언과 성격, 과거의 경험을 바탕으로 무엇을 가장 중시하는지 생각하면 찾을 수 있다.

예를 들어 이번 같은 경우, I 부장에게서 받은 피드백을 보면 5W1H 중 ★를 붙인 두 곳을 중시해야 한다는 것을 알 수 있다.

I 부장이 중요하게 생각하는 부분

Why	목적	
What	개요	
Who	관계자	★
Where	장소	★
When	시기	
How	세부내용	

또는 I 부장이 사실은 '애초에 이 제안을 해야 할 필요가 있을까?'라는 의문을 갖거나 '이해하지 못하겠어'라고 생각했다면 ★은 'Why'에 들어갈 것이다. 이 경우에는 배경과 근거, 이유를 정확하고 꼼꼼하게 준비해서 설명해야 한다.

I 부장이 과거에 가격경쟁으로 성과를 올린 실적이 있고 평소에 가격을 의식한 판매전략에 무게를 두거나, 데이터를 중시하는 이론파이고, 열정이 가득하고 성격이 급한 타입이라면 중점을 두어야 할 부분이 바뀐다.

다음과 같은 다른 사람이 상사라면 어떻게 해야 할까?

Y 부장은 새로운 것을 좋아하고 과거에도 자신의 아이디어로 회사에 큰 이익을 낸 적이 있다. 착실하게 노력해서 성공하는 것도 필요하다고는 하지만, 독자적인 아이디어나 새로운

방식을 중요하게 생각한다.

여기서 이야기한 것은 전형적인 몇 가지 타입의 예일뿐 사람이 갖는 기대치는 그 사람의 경험(마케팅, 영업, 재무, 인사, 기술 등)과 안건에 따라 달라진다. 새로운 것을 좋아하는 Y 부장이라도 회사의 존폐가 달린 사안에서는 위험을 배제한 결정을 선택할지 모른다.

기대치는 상대에 따라, 안건에 따라 달라지므로 그때마다 생각하고 준비해야 한다.

애초에 이것은 무엇을 위한 자료인가? 누가 볼 자료인가? 우선시해야 하는 건 속도인가, 완성도인가? 직접 승인자, 결재권자는 누구인가?

최소한 이런 사항을 의식하지 않으면 업무의 효율이 대폭 떨어진다. 업무의 효율이 나쁜 건 해야 할 일이 많아서, 요령이 나빠서가 아니라 기대치를 확인하지 않았기 때문이다.

상대의 기대치를 읽다=
상대의 생각 안에서 일한다가 아니다

어쩌면 기대치를 읽는 단계에서 자신과 상사 사이의 견해 차를 느낄 수도 있다. 예를 들어 상사는 가격을 중시하지만 나는 브랜딩으로 승부를 걸고 싶을 때가 있다. 이 경우 내 생각을 포기하고 상사의 기대치에만 맞춰야 할까?

그렇지 않다. 만약 부하직원이 상사의 기대치만을 생각하고 일하면 그 조직은 발전하지 않을 것이다. 부하는 상사의 기대치를 바탕으로 그것을 뛰어넘어야 한다. 상사의 기대치와 자신의 아이디어를 명확하게 하면 상사와 자신의 견해차가 드러난다. 이 차이를 알면 차이를 줄이기 위해 무엇이 필요한지 알 수 있다.

왜 브랜딩이 필요한가? 상품과 기업의 가치 차별화, 고객인지도 향상, 신뢰성 확보 등 다양한 요소가 있을 것이다. 이것을 상사가 생각하는 가격경쟁과 비교 및 검토하고 데이터와 자료 등 설득에 필요한 내용을 준비한다.

이때 필요한 것이 앞에서 이야기한 마음속 상상회의다. 준비 없이 기획안만 만들어 상사에게 전달하는 행위는 아무런 의미 없는 보고에 불과하다. 당연히 상사가 경험이나 지식적인 면에서 우위에 있기 때문에 쉽게 설득하기는 어렵다.

자신이 브랜딩의 중요성을 이야기했음에도 불구하고 "무슨 말을 하는 거야, 가격으로 경쟁하면 된다니까!" 같은 말이 돌아오는 이유는 대부분 상대의 기대치를 잘못 읽었거나 상대의 기대치를 무시하고 그저 '자신이 하고 싶은 말'만 주장했기 때문이다. 상대의 기대치를 뛰어넘지 못하면 아무리 뛰어난 아이디어라도 제대로 된 평가를 받지 못한다.

상대의 기대치를 생각해 어떤 준비를 할 것인가? 그것이 자신이 생각한 대로 일을 진행하고 결과를 만드는 가장 빠른 길이다.

안건의 기대치를 뛰어넘으면
사람에 대한 기대치도 올라간다

기대치를 생각하고 행동하면 눈앞의 업무가 순조롭게 진행되는 것 외에도 다른 장점을 얻을 수 있다.

"저 친구에게 맡기면 어떻게 해서든 잘 해낼 거야"라는 사람에 대한 기대치가 높아져 신뢰를 얻을 수 있다.

나는 회사의 CSR 부문에 소속되어 2011년 7월부터 동일본대지진 부흥지원재단 사업국장(현 어린이 미래지원재단 전무이사)을 겸임하며 도호쿠 지역의 아이들과 그 가족들을 돕기 위한 부흥지원과 지역활성화 활동을 추진하고 있다.

이 업무를 담당하게 되고 나서부터 전보다 외부인들과 접할 기회가 늘었는데, 어떤 요청을 받을 때마다 "이 사람은 나에게 무엇을 기대하고 있을까? 왜 나에게 의논하는 것일까?"라고 상대방이 나에게 바라는 기대치를 생각하며 이야기를 듣는다.

한마디로 동일본대지진으로 피해를 본 지역이라도 지역에 따라 상황과 마주하고 있는 과제가 각양각색이다. 더욱이 같은 지역이라도 담당자에 따라 생각하는 방식도 눈높이도 다양하다.

상대에게 관심을 두고, 상대를 알고 싶다는 열린 자세를 가지면 자연스레 마음도 태도도 긍정적으로 바뀐다. 내가 긍정적인 태도를 보이면 상대도 '이 사람에게 도움을 받고 싶어'라는 마음이 생긴다.

조금은 연애와 비슷할지도 모른다. 잠시 떠올려 보자. 사춘기 시절 이성에게 호감을 느끼게 되었을 때, 상대방에 대해 알고 싶어 이런저런 생각을 해본 경험이 있을 것이다.

생일은 언제일까? 취미나 좋아하는 음식, 즐겨 듣는 음악은 뭘까? 그 아이를 기쁘게 하려면, 나를 좋아하게 만들려면 어떻게 해야 할까? 나에게 관심을 끌게 하려면?

연애는 좋고 싫은 감정에 좌우되기 때문에 기대치를 예상해서 행동하더라고 연결되지 않을 때도 있지만, 업무의 경우는 대게 일정한 성과를 얻을 수 있다.

이야기가 잠시 다른 곳으로 샜지만, 도호쿠 지역을 돌아다닐 때 나는 줄곧 이 기대치를 읽는 자세로 일했다. 그러자 무슨 일이 생기면 '이케다 씨에게 의논해보자'라는 분위기가 만들어져 '해결사'라고 불릴 만큼 상담 요청이 쇄도했다.

"그러고 보니 이케다 씨가 담당하는 건 아니지만 아이패드 (iPad)에 대해서 좀 알려줬으면 좋겠어요"라는 상담 요청까지 들어와 고령자를 대상으로 한 무료 아이패드 교실을 개최한

적도 있다. 무료 교실이기 때문에 이익은 발생하지 않지만 어쩌면 참가자 중에 소프트뱅크에 호감이 생겨 휴대전화를 소프트뱅크로 바꾸는 사람도 있을지 모른다.

사회공헌이라는 CSR의 목적을 달성하고 결과적으로 회사에 공헌하는 일로도 연결된다.

인간으로서의 상사를 아는 것

자신이 생각한 대로 업무를 진행하기 위해서 기대치와 함께 중요하게 생각해야 하는 것이 상대를 아는 것이다.

여기서 말하는 상대란 상사는 물론이고 동료와 팀원, 거래처 등 업무와 관련된 사람들이다.

당신은 주변 사람들에 대해 얼마나 알고 있는가? 실제로 많은 사람이 업무와 관련된 상대방을 거의 모르는 채로 있지 않을까?

나는 기업과 지자체에서 1일 연수를 진행하는데 매번 '1시간'에 걸쳐 내 소개를 한다. 업무에 관련된 것뿐만 아니라 어린 시절부터 학창시절의 이야기, 취미 등 '나'에 대해 숨김없이 이야기한다.

그런데 실컷 나에 대한 정보를 전달한 후에 "당신이 만약 제 부하직원이라면, 5W1H 중 제가 가장 중요하게 생각하는 포인트가 뭐라고 생각하시나요?"라고 물으면 아무도 대답을 하지 못한다.

나에 대해 알려줬지만 무엇을 생각하고, 무엇을 중시하며,

어떻게 판단할 것인가가 전혀 전달되지 않은 것이다. 1시간이라는 긴 시간의 자기소개는 '사람은 이 정도로 서로를 알지 못한다'라는 것을 이해하기 위한 시간이었다.

기대치를 생각하려면 상대가 어떤 사람인지 알아야 한다. 그런데 상대의 정보를 얻어도 어떤 사람인지 완벽하게 이해할 수는 없다. 상대를 안다고 생각한다면 큰 오산이다.

이 전제는 일할 때 절대로 잊어서는 안 된다. 내가 뼈저리게 느꼈던 일이 있다.

알고 있다는 큰 오산

동일본대지진 부흥지원의 목적으로 소프트뱅크가 실시한 기획 중 '채리티 화이트(charity white)'라는 옵션 요금제가 있다. 월정액 이용료에 10엔을 더 내면 소프트뱅크가 10엔을 더해 총 20엔을 재해지역 아이들에게 매월 기부하는 사업이다.

소프트뱅크에서는 재해 직후부터 통신서비스 및 대리점 복구, 기부금 접수창구 설치, 휴대전화 대여 등을 지원하고 있다. 하지만 필요한 지원은 발생 직후 단기적인 것만 있는 것이 아니다.

피해가 크면 클수록 수개월 혹은 수년, 수십 년 이상에 걸친 지원이 필요하다. 거리는 몇 년 안에 깔끔하게 복원되겠지만 사람을 위한 지속적인 지원이 필요하다. 한신·아와지 대지진의 부흥지원을 보니 재해 발생 후 3개월이 지나자 지원금이 급격하게 줄었다. 똑같은 사태를 방지하고, 일시적인 지원이 아닌 꾸준하게 지원할 방법을 찾던 중 탄생한 것이 이 요금제였다.

과거에 마케팅부서에서 신규 요금제를 기획했던 경험을 살려 수치를 검산하고 오퍼레이션을 설계해 경영회의에 상정했다.

요금제의 개요는 손 사장 이하 경영진 전원의 긍정적인 반응을 얻었지만, 첫 번째 경영회의에서는 '결재 불가, 재검토' 의견을 받았다. 안 되는 이유가 무엇인지, 어디에 문제가 있는지 물어도 "다시 한번 잘 생각해서 제안을 수정할 것"이라는 말만 돌아와 더는 물어볼 수도 없었다.

결과만 이야기하면 기부처를 수정해 '채리티 화이트'는 붉은 날개의 '중앙공동모금회'와 '키다리 육영회'로 지정, 2011년 8월 서비스 개시부터 총 300만 명이 넘는 신청을 받았다. 합계 기부액은 11억 1,770만 296엔이다(2020년 7월 31일부로 신규접수 종료).

최초 제안이 통과하지 못했던 이유는 내가 손 사장을 비롯한 경영진을 '잘 안다고 생각' 했기 때문이었다. 최초 제안 당시 나는 '재해지역의 아이들에게 장기적이고 지속적인 지원'만 생각해 이를 가능하게 실현할법한 단체를 몇 군데 추렸다.

그중에는 이제 막 발족한 단체도 포함되어 있었다.

하지만 경영진이 중요하게 생각한 부분은 그것만이 아니었다. 장기적이고 지속적 지원은 당연하며 '가능한 한 빠르게, 더 많은 성과를 올리는 것'까지 염두에 두고 있었다.

내가 제안했던 단체는 이제 막 발족해 지명도와 실적이 부족했다. 기부를 호소할 때는 우선 '어떤 단체인가'를 설명해야 하며 '왜 이 단체에 기부해야 하는가'에 대해서도 충분한 설명이 뒷받침되어야 한다. 그때그때 설명하는 일이 별것 아닌 것 같지만 전국에서 실시해야 한다면……. 기부의 속도 그리고 금액에 영향을 미칠 것이 분명했다.

'재해지역을 돕고 싶다', '기업으로서 할 수 있는 일을 하고 싶다'라는 생각에 사로잡혀 손 사장과 경영진이 중요하게 생각하는 부분을 완전히 놓친 결과였다.

애초에 상대는 어떤 사람인가? 무엇을 중요하게 생각하고 무엇을 걱정하고 있는가? 어떤 제안을 흔쾌히 받아들이고, 어떨 때 화를 내는가?

100% 이해하지 못하더라도 적어도 그것을 매일 생각하고 행동하는 것이 중요하다. 이것이 업무를 진행할 때 꼭 필요한 요소다.

어떻게 해야
상대를 알 수 있을까?

손 사장을 비롯한 경영진의 생각을 잘못 읽은 부분에서 알 수 있듯이 상대를 아는 것은 쉬운 일이 아니다. 아무리 업무를 순조롭게 진행하기 위해서라고 해도 부하직원이나 팀원에게 사적인 질문을 하면 직장 내 괴롭힘이 될 수 있는 요즘 시대에 어떻게 상대를 알아야 할까?

확실한 방법은 상대가 공식적인 자리에서 한 말이나 평소 발언, 어떤 사람들과 친분이 있는지, SNS에 업로드한 내용을 살펴보면 되겠지만 평소에 그런 시간을 갖기 어렵고, 또한 드러내지 않는 사람도 있다.

그래서 바쁜 비즈니스퍼슨이라도 곧바로 실천할 수 있는, 상대를 파악하기 위한 중요한 세 가지 요령을 소개하겠다.

머릿속을 차지하고 있는
TOP3를 오픈형 질문으로 묻는다

상대를 알기 위해서는 상대에게 직접 듣는 것이 가장 빠르다. 알고 싶다면 질문하는 방법밖에 없다. 하지만 그렇다고 해서 "여자친구 있으세요?"라고 물으면 그 자리에서 끝이다. 개인적인 자리에서 상대를 불쾌하게 하지 않으면서도 자신의 이야기를 하게 만드는 질문이 있다.

"지금 머릿속을 차지하고 있는 TOP3는?"

물론 대답은 업무에 관련된 것이어도 되고 그렇지 않은 것이어도 상관없다. 둘 다 섞여 있어도 괜찮다.

예를 들어 "1위는 이사예요. 이번 주말에 이사할 예정인데 아직 짐 정리를 하나도 못 했거든요. 2위는 ○○사의 안건이 조금 걱정되는 거고, 3위는 어제 받았던 연수예요. 좋은 공부가 되었거든요" 등의 대답이 돌아왔다고 하자. 그러면 다음처럼 대화를 이어갈 수 있다.

"아, 이사하시나 봐요. 어디로 이사하세요?"

상대의 이야기를 따라가면 되기 때문에 대화를 쉽게 이어갈 수 있다. 추가로 질문을 할 때도 상대가 "네", "아니요"라고 대답할 수 있는 폐쇄형 질문보다는 자유롭게 답할 수 있는 '오픈형 질문'으로 물으면 더욱 깊은 정보를 끌어낼 수 있다. 앞에서 다뤘던 이사 이야기로 예를 들면 "어디로 이사하세요?"라는 질문은 오픈형 질문에 해당한다.

그러면 상대는 "요코하마 쪽이에요", "기타구에 본가가 있어서 그쪽으로 가기로 했어요"처럼 대답하기 쉬우면서도 편하게 대화를 이어갈 수 있다.

특히 나는 부하직원에게 "이번 달에 머릿속을 차지하고 있는

TOP3는 뭐예요?"라고 주기적으로 묻는다. 이 질문을 통해 부하직원에게 "사실 어머니께서 갑자기 입원하셔서 정신이 없어요"라든가 "며칠 전에 프러포즈를 받았어요. 내년쯤 결혼할 생각이에요" 같은 개인적인 이야기를 듣게 된다.

이러한 이야기는 업무와 직접 연결되어 있진 않지만, 이 시기에는 책임이 막중한 업무에서 조금 배제해줘야겠어, 야근은 최대한 하지 않도록 해야겠어, 라는 판단으로 이어진다. 상대가 무엇을 소중하게 생각하는지를 알 수 있는 매우 중요한 정보다.

더 많은 정보를 알고 싶다면 '베스트 TOP3', '워스트 TOP3'를 물어보면 좋다. 주기적으로 반복하면 머릿속을 차지하고 있던 순위가 바뀌거나 없어지므로 과정을 관찰할 수도 있다.

비즈니스뿐만 아니라 사생활에서도 유용하게 활용할 수 있다. 나는 아이와 함께 목욕할 때 자주 묻는 편이다. 초등학생인 셋째 아들은 주로 게임을 하거나 놀기 바쁜데 주기적으로 한 번씩 물어보면 "응? 저번에는 그런 말 하지 않았었는데"라고 최근의 변화를 알 수 있다.

나에 대해 확실하게 말하기

상대를 알려고 할 때 의외로 중요한 것이 '나에 대해' 이야기하는 것이다. 이것은 자기노출이라고도 말한다. 앞에서 이야기했듯이 나는 세미나 중 1시간에 걸쳐 자기소개를 한다. 단순히 나를 노출하고 싶어서 하는 것이 아니다.

사람에게는 상대가 자신에 대해 털어놓으면, 자신도 상대에게 본인 이야기를 편하게 하려는 성질이 있기 때문이다. 사실 내가 가와사키시 출신이라고 이야기하면 "저도 가와사키 출신이에요", "지난주에 가와사키역 쇼핑몰에 가서……" 같은 이야기가 돌아온다.

이 대화를 계기로 다시 오픈형 질문을 던지면 상대를 알 수 있다. 사람은 낯선 사람에게 자신의 이야기를 하지 않는다. 우선 자신이 먼저 이야기할 것. 그러면 대화를 쉽게 이어갈 수 있다.

상대방의 이야기를 공감하며 듣기

경청이라는 말을 들어본 적이 있는가? 간단히 설명하면 상대방 이야기에 귀를 기울이는 것, 상대방의 이야기를 들을 때 그 사람의 입장이 되어 공감하며 듣는 것이다. 상대를 알기 위한 세 번째 포인트는 경청이다.

경청은 미국의 심리학자인 칼 로저스(Carl Rogers)가 주장한 적극적 경청(Active Listening)의 기술 중 하나로 로저스의 3원칙이라고도 불린다.

로저스의 3원칙

1. 공감적 이해 (empathy, empathic understanding)	상대방의 이야기를 상대방의 입장에서, 상대방의 감정에 공감하며 이해한다
2. 무조건적 긍정적 관심 (unconditional positive regard)	상대방의 이야기를 선과 악 또는 좋고 싫음을 따지지 않고 듣는다 상대방의 이야기를 부정하지 말고, 왜 그렇게 생각했는지 그 배경에 긍정적인 관심을 가지고 이야기를 듣는다
3. 일관성 (congruence)	모르는 것은 그대로 넘어가지 말고, 이해하기 어려운 말은 어렵다고 물어보고 확인한다

이것을 조금 더 간단하게 바꾸면 다음과 같다.

	목적	표현
끄덕인다	관심이 있음을 표현한다	"아, 그렇구나"
반복한다	듣고 있다고 표현한다	상대의 말을 똑같이 따라한다
요약한다	상황을 파악하고 있다고 표현한다	상대방의 이야기 중 키워드를 언급한다
질문한다	상대방의 말에 구체적으로 파고 든다	"어떤 것이 좋아?" 등

우선 의식적으로 끄덕이기부터 시작한다. 상대의 말에 "응, 응", "네, 아~"라며 수긍하기만 하면 된다. 그렇게 하면 이후

에 상대가 부정을 하든 긍정을 하든 일단 '내 말을 잘 듣고 있구나'라고 안심한다. 이러한 감각이 의논하기 편하다, 말 걸기 편하다는 생각으로 이어져 대화가 단절되지 않는다.

'잘 듣고 있어요'라는 태도는 상대의 심리에 커다란 영향을 미친다.

더욱이 차분히 이야기를 들어야 할 때 효과적인 것이 반복하기다. 상대가 "클라이언트의 대답이 늦어요"라고 말하면 "그렇군, 대답이 늦단 말이지"라고 똑같이 따라 한다. 이 방법은 '앵무새처럼 따라 하기'로도 잘 알려져 실제로 하는 사람이 많다.

정중히 귀를 기울인 후 "그러니까 대행사 제휴에 문제가 있다는 거네요", "상대측 관리시스템이 구축되어 있지 않을 가능성이 있겠어요"처럼 상대의 발언을 똑같이 따라 하는 것이 아니라 키워드로 대답하는 것이 요약하기 단계다. 정확하게 요약하면 상대는 '내가 하고 싶었던 말이 확실하게 전달되고 있어'라고 더욱 크게 안심한다.

한편 애매한 타이밍에 요약하거나 상대가 특별히 전달하고 싶었던 내용에서 빗나가면 "대화를 빨리 끝내고 싶은 건가?", "내 말을 제대로 듣고 있는 걸까?"라고 불안해한다.

마지막으로 "너는 어떻게 하고 싶어?", "상대가 어떻게 해주길 바라?"라고 질문을 던져보길 바란다. 고민을 털어놓는 순간, 자신이 갖고 있던 문제가 정리되고 해결되기도 한다. 그때 상대에게 자신의 이야기를 다시 한번 정리해주면 해결의 실마리를 더욱 쉽게 찾을 수 있다.

'남의 말 듣기'는 따로 알려주지 않아도 이미 하고 있다고 생각할지도 모른다. 하지만 객관적으로 되돌아보면, 의외로 제대로 듣고 있지 않다. 흘려듣거나 무뚝뚝한 표정으로 들으면 그런 상대와는 대화하고 싶은 마음이 사라진다.

진지하게 듣기만 해도 상대는 마음을 쉽게 열고, 상대에 대해 알게 되는 기회로도 이어진다.

기대치×상대방 알기로 신뢰가 생겨 결과로 이어진다

두말할 것도 없이 일은 사람과 사람이 얽혀서 하는 것이다. 사람과 사람이 얽히면 반드시 감정이 생긴다. 원하는 기대치에 답하면 상대는 기분이 좋아진다. 이러한 반복이 사람에 대한 신뢰로 이어진다.

이렇게 말하는 나도 사람과 사람이 함께 일을 한다는 사실을 놓치고 있었던 시기가 있다. 입사 후 처음 배치되었던 영업부에서 가전제품 판매대리점을 대상으로 영업활동을 하던 시절의 일이다.

앞에서 이야기했듯이 소프트뱅크(당시 제이폰)는 당시 대기업 2곳을 쫓아가는 후발주자였다. '어떻게 해서든 팔아야 해'라는 분위기가 나뿐만 아니라 회사 전체에 깔려 있었다.

가전제품 판매대리점에서의 영업활동은 상품 매대 정리도 포함되어 있었다. 그렇다 보니 매장을 찾은 고객이 나에게 이것저것 물어보는 일이 자주 있었다. 그 사람들을 붙잡고 어떻게 해서든 휴대전화를 권유했다. 주변에 있는 사람에게도 먼저 말을 걸어 제품을 홍보했다. 그렇게 홍보 활동에 최선을 다하는 나날을 보내고 있었다.

하지만 생각만큼 실적이 오르지 않았다. 극심한 스트레스에 "이대로는 안 되겠어. '품절 임박'이나 '오늘 단 하루 특가'라는 거짓말을 해서라도 홍보하지 않으면 실적을 채우지 못할 거야"라고 생각하던 찰나, 담당 매장 몇 곳에서 갑자기 실적이 오르기 시작했다.

특별한 이벤트를 시작한 것도 아니고 매일 찾아가 홍보 활동을 한 것도 아니었다. 그런 매장에서 갑자기 나타난 변화에 대해, 나는 대리점 직원에게 이유를 물었다.

"만약 제품 구매를 고민하는 고객이 있으면 일단 제이폰 기종을 권해드렸어요"라는 말이 돌아왔다.

앞에서 이야기했던 것처럼 매장에 있으면 실제로 휴대전화 이외의 가전을 보러 온 사람들이 이것저것 물어오는 경우가 있었다. "선풍기를 사려고 하는데요", "어디 세탁기가 좋아요?", "이 제품이랑 이 제품의 차이가 뭐예요?"

아무래도 고객 입장에서 보면 정장을 입고 있는 내가 어느회사 소속인지 모를 수밖에 없다. 그렇다 보니 이런 질문을 받는 게 어쩌면 당연할지 모른다. 고객에게 제품 위치를 안내하고 "이 제품은 에너지효율등급이 높아서 좋아요", "이건 소음도 작고 가격 면에서도 이득이에요"라며 내가 알고 있는 선에서 설명한 후 해당 매장 제품 담당자에게 자연스럽게 연결했다.

대리점 직원들이 이런 모습을 봐온 것이다. "이케다 씨가 오면 다른 가전 매출이 잘 나와요. 그래서 휴대전화를 구매하려는 손님이 오면 일단……"이라며 추천해준 것이다. 이 매장이 나에게 원했던 건 한마디로 '친절한 영업사원'이었다.

매장에 자주 얼굴을 비치고, 고객에게는 친절하게 다가가며 항상 매대를 깨끗하게 정리한다. 이런 모습이 나에게 거는 상대방의 기대치였고, 그 기대치에 답하자 신뢰가 쌓인 것이다. 정말로 소중한 깨달음을 얻었던 경험이었다.

잠깐이었지만 거짓말을 해서라도 판매실적을 올리려 했던 나 자신을 깊이 반성하게 되는 시간이기도 했다.

결과적으로 1999년 내가 담당하고 있던 치바 지역의 대리점에서 판매목표, 판매점유율 모두 1등 목표를 달성했다.

상대를 알면 기대치를 파악하게 되고, 신뢰를 얻어 결과로 이어진다. 기대치와 상대를 아는 것의 선순환을 당신도 부디 실감해보길 바란다.

4장

표로 사람을 움직인다

사내정치, 협상, 우위에 선 사람의 처세력

대부분의 일은 혼자서 판단하고 결정하지 않는다. 보통 사람과 사람이 서로 협력하는 형태로 이루어진다. 그만큼 일과 관련된 고민에는 인간관계와 대인관계가 우선순위를 차지하는 경우가 많다. 이번 장에서는 팀을 만드는 방법, 사람을 움직이는 방법에 관해 이야기하려고 한다.

신제품 체험단 이야기로 돌아가 I 부장에게 주목해보자. I 부장도 이번 체험행사를 반드시 성공시키고 싶다. 이때 무엇을 할 수 있을까?

성공률을 높이는
포석 까는 법

　I 부장은 부장이라는 위치에 있지만 회사라는 틀에서 보면 큰 회사의 중간관리직에 속한다. 자신의 지시로 시작한 기획이라 하더라도 본인의 부서를 벗어난 회의에서 반드시 통과된다는 보장이 없다. 그런 위치다.

　여기서 I 부장은 이렇게 생각했다. "이번 신제품은 분명 N 전무가 밀고 있는 건이란 말이지. 이 건은 N 전무의 생각이 강하게 반영될 거야. N 전무야말로 내가 접근할 수 있는 핵심인물이지 않을까?"

　핵심인물에게 할 수 있는 것. 그것은 포석을 까는 일이다. I 부장은 엘리베이터에서 N 전무를 만났을 때 "이번 체험단 행사는 이런 방향으로 진행하려고 하는데 어떻게 생각하세요?"라고 가볍게 물어보기로 했다.

　사전에 가볍게 질문을 던지는 것이 포석을 까는 일이다. 포인트는 말로 할 것. 인간은 신기하게도 종이에 인쇄되어 있으면 그것을 마치 결정된 사항으로 받아들인다.

　나 또한 신입사원 시절, 자료를 작성하던 중 상의할 겸 상사에게 보여준 적이 있는데 곧바로 "잘못됐잖아!"라고 지적을 받았다. "아니, 그게 아직 이건 초안인데요"라고 설명했지만 어째서인지 매번 큰 지적이 돌아왔다.

인쇄된 내용을 보여준 순간 '잘못된 부분'이 상대방 머릿속에 남은 것이다. 자료만 수정해서 끝나면 그나마 다행이고 "애초에 이런 기획 자체가 잘못됐어"처럼 기획 자체에 대한 지적으로 이어지기도 한다.

그런데 말로 물으면 "아니, 그게 아니라 이거야", "특히 이 부분을 신경 써서 진행해줘", "아, 그거면 됐어. 맞아, 그 부분이 어려운 거야"라는 맞고 틀리고의 관계없이 부드러운 반응이 돌아온다.

포석을 깔아야 하는 타이밍

그렇다면 포석은 언제 깔아야 할까? 빈도와 횟수는 안건의 크기에 따라 혹은 중요도에 따라 달라진다. 이번에는 체험단 사례를 통해 포석을 까는 이상적인 방법을 생각해보자.

첫 번째: 시작 직후

N 전무에게 첫 번째 포석을 까는 이상적인 타이밍은 시작 직후다. 말로 "이번 체험행사는 이런 식으로 해보려고 생각하고 있습니다"라든가 "팀원들과 이런 방향성은 어떤지 이야기

해보는 중입니다"라는 형태로 포석을 깐다.

두 번째: 영업마케팅 전략회의 1개월 전

두 번째는 회의 1개월 전이다. 내용은 첫 번째 포석에서 조금 더 진행된 수준이 좋다.

세 번째: 영업마케팅 전략회의 직전

회의 직전에는 제출된 자료를 가지고 구체적인 내용을 전달하면 좋다. "이런 형태로 해보려고 생각하고 있습니다, 문제없겠죠?" 이때의 의견을 바탕으로 최종 기획안을 결정한다.

이처럼 포석에 깔린 상대는 몇 번이고 같은 이야기를, 같은 사람에게 듣는다. 이것이 실무담당자의 의견이고 회사 전체에 제안하는 내용이라면 여러 번 듣는 것에 큰 의미가 있다.

여러 번 같은 이야기를 들으면 사람은 그 내용을 충분히 이해하고 관심을 갖게 되기 때문이다.

처음에는 "음, 실무자들 사이에서 그런 이야기가 진행되고 있군요?" 정도의 느낌이어도 시간이 지나면서 "그 이야기 말이에요, 관심이 생기더라고요"처럼 발전되는 경우도 종종 있다.

여기서 소개한 것은 어디까지나 이상적인 형태이다. 이번 예도 상황의 타임라인에 따라 두 번째를 없애거나 혹은 횟수를 늘리는 등의 조절이 필요하다. 정확하게 포석을 까는 일이 지금까지 소개해 온 노하우에 비해 어려운 것은 사실이다. 하지만 자신이 하고 싶은 일을 실현하기 위해서라도 포석은 매우 유효한 도구다. 몸에 익혀 손해 볼 일은 없다.

포석은 위험을 없애기도 한다

'포석을 까는 방법'을 바꿔 말하면 '유연한 확인'이다. 방향성과 고민을 다시 한번 확인하고, 위험요소를 제거하는 데도 도움이 된다.

신입사원 시절, 플랫폼 운영을 맡길 외부업체 선정 지시를 받은 적이 있다. 신청한 업체의 데이터를 수집해 비교 검토한 결과 목적에 맞으면서 조건에 가장 적합한 C사를 선택했다. C사로 진행한다는 기획서를 작성해 상사에게 보고했더니 전체 내용을 다 보기도 전에 "다시 해 오세요"라며 반려되었다. 이유를 물었더니 예전에 C사의 전신회사와 거래한 적이 있는데 당시에 큰 문제를 일으켰다는 것이다.

나로서는 입사 전에 일인 데다 회사명도 달랐다. 그런 문제가 있었을 줄은 상상조차 하지 못했었다. 기획서를 작성하기 전에 말로 "이 회사가 괜찮아 보이는데 어떻게 생각하세요?"라고 물어봤다면 피할 수 있었던 상황이다.

이처럼 포석은 자신이 모르는 전제를 확인하기 위해서라도 가능한 깔아둘 필요가 있다.

포석을 까는 기술은 "이것 좀 정리해서 가져와 봐"처럼 자세한 설명 없이 일을 떠넘기는 무리한 요구를 대응할 때도 효과적이다.

자료를 정리하라는 지시를 받았지만 무엇을 위한 자료인지, 목적은 무엇인지, 전혀 짐작할 수 없지만, 다시 물어볼 수 없을 때. 또는 이렇게까지 극단적이지는 않더라도 기대치를 읽고 싶지만, 힌트가 너무 없어 방향성조차 읽기 어려울 때가 적지 않게 있다.

그럴 때는 부디 적극적으로 포석을 깔아보길 바란다.

"이런 느낌으로 정리하려고 하는데 괜찮을까요?", "어제 말씀하신 건 이 부분이 어렵더라고요. 이런 방향으로 진행해도 될까요?" 이렇게 말로 가볍게 물어본다.

진행할 방향이 보일 뿐만 아니라 일정 부분 합의를 얻었기 때문에 마지막 제출자료도 쉽게 이해를 얻을 수 있다.

어떤 장면에서 포석의 효력이 발휘할까?

반드시 포석을 깔아야 할 것은 프로젝트에 참가하는 팀원 구성이나 체제를 구축할 때, 이른바 조직이다. 특히 외부와 협력하는 조직에서는 필수다.

개개인의 능력과 실적이 아무리 뛰어나도 '함께 있으면 위험'한 경우가 있다. 해당 분야 정보에 능통한 사람이나 경험이 있는 사람에게 넌지시 확인해본다.

회식자리 멤버를 정하는 상황에서도 마찬가지다. 중요한 인물에 대해서는 슬쩍 떠본다. "예전에는 사이가 좋았는데 요즘에는 A 씨랑 B 씨 앙숙이 따로 없어요." 이런 정보를 나중에 듣고 식은땀 흘릴 상황은 피할 수 있다.

유연한 확인은 책상 위에서 하기보다 복도나 엘리베이터 등 우연히 마주쳤을 때 해야 대답을 듣기 쉽다.

최근에는 재택근무가 증가해 회사 안에서 상사나 동료와 우연히 만날 기회가 줄어들었다. 나는 확인받고 싶은 상대의 일정을 확인해 일부러 우연히 만나는 상황을 만들기도 한다. 멀리 돌아가는 것처럼 보이겠지만, 소소한 의사소통의 축적이야말로 업무를 빠르게 진행하는 중요한 요소이다.

포석을 깔고 싶지만 깔 수 없을 때는

나 역시 평소에 업무를 수행하면서 '포석 깔기'에 최선을 다하고 있다. 특히 상대가 중요한 결정권을 가진 핵심인물이라면 더더욱 그렇다.

하지만 중요한 결정권을 가진 핵심인물이지만 포석을 깔지 못하는 상대가 있다. 바로 손 사장이다. 일단 너무 바쁜 사람이라 "잠깐 시간 괜찮으세요?"라고 직접 물을 수도 없다.

이렇게 쉽게 접할 수 없는 사람의 경우에는 어떻게 해야 할까?

주변에서 정보를 수집한다. 예를 들어 사장실 직원에게 "이번 건 관련해서 무슨 말씀 없으셨어요?"라고 물어가며 가능한 정보를 모은다. 그런데도 '부딪쳐서 깨지는' 경우가 있다.

만약 정말로 깨졌다면 이후에는 속도가 중요하다. 당일, 늦어도 다음날에는 "아직 초안이지만 봐주세요"라고 부딪쳐 본다.

포석이 전면 재수정을 막는다

2장 146쪽 신제품 체험단 행사에 대한 I 부장의 피드백은 사실 포석으로 얻은 정보다.

만약 독자 여러분 중에 "포석을 깔다니, 순수하게 내용으로 경쟁하지 않는 치사한 방법이라 저는 싫습니다"라고 생각하는 사람이 있을 수도 있다.

그렇게 생각하는 사람들에게 묻고 싶다. "기획이 통과되지 않거나 중요한 업무에서 배제되는 것 중 무엇이 더 싫은가요?"

애초에 우리가 기획을 생각하는 이유는 새로운 가치를 창출하기 위해서다. 행사를 생각하는 것 자체에 의의가 있는 것이 아니다.

시간을 투자해 일하는 것이라면 결과를 내기 위해 노력하는 편이 좋지 않을까? 그리고 또 묻고 싶다.

"바로 위의 상사는 좋다고 했지만, 그 윗선에서 뒤집힌 적이 있지 않나요?” 대부분 기업에서는 사업의 결정을 다각적으로 검토한다. 특히 중요한 안건일수록 일부 팀장이 아닌 그보다 윗선의 결재를 받아야 한다. 그때 일어날 수 있는 것이 전면 재수정이다.

"부장과 함께 작은 부분까지 다 결정했는데 본부장이 던진 근본적인 지적에 기획이 엎어졌다." 한두 개 수정할 사항이라면 괜찮지만 몇 달에 걸쳐 작성한 기획안이 이렇게 엎어지면 포기하고 싶은 생각이 들지 않을까?

이런 일이 생기는 원인에는 ‘부장이 포석을 깔지 않아서’인 경우가 있다. 사전에 본부장에게 "이런 방향으로 정리하고 있습니다"라고 한마디 했다면, "잠깐, 그건 아니야" 같은 대화가 오갔을 것이다. 포석을 깔지 않아 기회를 잃은 것이다.

그런데 I 부장은 N 전무에게 포석을 깔다가 어떤 중요한 정보를 얻었다. "유명인사를 기용하는 방향으로 진행한다면 법무팀 T 씨에게 광고 관련해서 권리와 계약을 확인해 두는 게 좋을 거야."

사실 이 회사는 과거 유명인사를 기용했을 때 행사장에서 촬영한 사진과 동영상을 사용하지 못했던 경험이 있어 유명인사와의 계약을 부정적으로 생각했다.

그런데 하필 법무팀 T 씨와는 예전부터 사이가 좋지 않아 이야기를 진행하기 힘들었다. 이때 I 부장은 어떻게 해야 할까?

가위바위보 이론으로
움직이지 않는 사람을 움직여라

사람을 어떤 일에 끌어들일 때, 나는 가위바위보 이론을 사용한다. 가위바위보 이론이란 중요한 사람과 함께 일하기 위해 인맥을 활용한 제휴의 일종이다.

2014년 나는 스마트폰과 컴퓨터로 할 수 있는 새로운 형태의 기부 기획을 추진했다. 전용 앱을 다운로드하고, 로고 마크 등에 대면 손쉽게 기부할 수 있는 시스템으로 '갖다 대서 모금'이라는 이름이다.

이 기부방법을 많은 사람에게 알리기 위해 홍보 기자회견을 준비했다. 그리고 그 기자회견에 손 사장을 직접 등장시키고 싶었다. 아무래도 손 사장이 회견장에 나오느냐 나오지 않느냐에 따라 여론의 관심도 자체가 크게 다르기 때문이다.

소프트뱅크에서 실시하는 기획인 만큼 손 사장의 등장 여부는 이후 인지도와도 관련된 중대한 과제였다. 다만 내 생각을 솔직히 전달한다고 해서 손 사장이 나와 준다는 보장이 없었다.

'가위바위보를 한다고 했을 때, 손 사장이 바위를 낸다면 보를 낼 사람은 누구일까?'

그때 떠올린 사람이 오 사다하루(王貞治) 회장이었다.

소프트뱅크가 후쿠오카 다이에 호크스(당시)를 인수해 프로야구 구단주가 된 배경에는 오 회장에 대한 손 사장의 존경심이 있었다. 오 회장은 세계소년야구추진재단에도 열정을 쏟고 있었으며 사회공헌에도 큰 관심이 있었다.

오 회장을 만나 '갖다 대서 모금'에 대해 이야기할 기회를 얻었다. 실제로 오 회장은 진지하게 이야기를 들어줄 뿐만 아니라, 크게 공감하며 자신도 기자회견에 참석하겠다고 말했다.

나는 곧바로 손 사장에게 오 회장이 기자회견에 참석한다는 내용의 메일을 보냈다. 그러자 손 사장으로부터 '기자회견 참석 OK'라는 연락이 왔다.

지금까지 업무를 하면서 가위바위보 이론으로 몇 번이나 도움을 받았는지 모른다.

SB 신종코로나바이러스 검사 센터를 설립할 당시 국립국제의료연구센터 의사분들에게 많은 도움을 받을 수 있었던 배경에도 이 이론이 있었다. 사실 소프트뱅크 산업의는 전 국립국제의료연구센터 직원이었다. 그 인연 덕분에 이사장과 이야기할 수 있는 자리가 마련됐고, 실제로 실현할 수 있게 된 것이다. 아무런 준비 없이 무턱대고 국립국제의료연구센터를 찾아간다고 해서 이사장과 직접 만날 수 있는 건 아니다.

만약 어떻게 해서든 도움을 받고 싶은 핵심인물이 있는데 자신의 힘만으로는 움직이기 어렵다면 부디 그 인물을 움직일 수 있는 사람=그 사람과 가위바위보를 해서 이길 수 있는 사람 찾기부터 시작해 보길 바란다. 그 한 걸음이 일을 놀라울 정도로 순조롭게 진행시킨다.

이 사람 부탁이라면 꼭 도와주고 싶다고
생각하는 상대를 찾는 법

사람을 움직이는 강력한 힘을 지닌 가위바위보 이론이지만, 이용할 때 주의해야 할 점이 있다. 움직이고 싶은 상대의 상사에게 부탁해서는 안 된다. 왜일까? 고자질한 모양새가 되지 않도록 하기 위해서다.

예를 들어 I 부장이 법무팀 T 씨의 상사와 친분이 있다고 치자. 만약 그 상사에게 이야기를 슬쩍 흘리면 T 씨에게 돌아올 말은 "자네, I 부장이 진행하고 있는 ○○에 협조적이지 않은 모양이더군. 잘 좀 도와드려!"라는 업무명령이다.

더구나 상사에게 T 씨가 협조적이지 않다는 것을 고자질한 상태가 된다. 그렇게 되면 T 씨는 업무에는 협조하겠지만 인상은 더욱 나빠질 것이다. 여기서 말하는 인상은 당연히 상사에 대한 것이 아니다. 나빠지는 건 I 부장의 인상이다.

아마도 T 씨는 이 업무를 마지못해 진행할 것이다. 업무가 마무리된 후에는 I 부장과 인연을 끊을 것이다. 그러니까 T 씨의 상사에게 부탁해서는 안 된다.

그렇다면 누가 보의 역할을 해줄 수 있을까? 내가 오 회장을 떠올렸듯이 보의 역할을 맡아줄 사람은 의외의 장소에 있기도 하다.

여기서 중요한 것이 앞에서 이야기한 상대를 아는 것이다.

움직이고 싶은 상대가 무엇을 했을 때 기뻐하는지, 사고의 경향이나 기질, 강점과 약점을 골고루 파악해두면 그 상대를 가위바위보로 이겨줄 사람이 자연스레 떠오른다.

예를 들어 "우리 가족이 사실은 ○○씨 가족과 사이가 좋아요"라든가, "사실은 저와 ○○씨가 같은 학원에 다니고 있어서, 선생님이 보 역할을"이라는 유형도 있을 수 있다.

인연은 어디에서 이어질지 모른다. 중요한 안건일수록 움직여 보는 데 의미가 있다.

여러 번 이야기하지만 일은 사람과 사람이 얽혀서 성립된다. 인생도 '인연' 나름이다.

나는 대학 졸업 후 소프트뱅크의 전신이었던 도쿄디지털폰에 입사해 지금까지 같은 회사에서 근무하고 있다. 몇 번이나 조직이 개편되었고 부서가 바뀌기도 했으며 담당업무가 바뀌는 경험까지 했다. 그때 나를 지탱해준 건 어떤 순간에 도움을 주신 분들이나 함께 일했던 분들이었다. 경험이 쌓일수록 인연의 소중함을 온몸으로 느낀다.

인연의 소중함을 뼛속까지 실감했던 경험이 있다. 사실 나는 예전에 회사(소프트뱅크)를 그만두려고 했던 적이 있다. 2011년 동일본대지진 부흥지원재단이 발족했던 타이밍이었다.

재해지역의 아이들을 위해 무언가를 하고 싶다. 확실하면서 장기적인 지원을 하고 싶다. 그런 마음에서 공익재단법인을 세우고 사업국장까지 맡으려고 했으나 중간에 한 가지 큰 문제가 발생했다. 재단 측으로부터 '현직과 겸임은 불가'라는 말을 들은 것이다. 충분히 이해할만한 이야기였다.

당시 나는 소프트뱅크 마케팅부에 소속되어 있었다. 마케팅부는 기업의 이익추구를 최우선으로 생각하는 부대라고 해도 과언이 아니다.

마케팅 담당자가 재단의 사업국장을 겸임하면 영리활동인지 비영리 활동인지를 외부에서 구별할 수 없다. 직책만 본 사람에게 "소프트뱅크의 영리에 맞춰 공익재단법인에서 일을 진행하는 것이 틀림없어"라는 오해를 불러일으킬 우려도 있었다.

부흥지원을 위해 회사를 그만두고 재단 일을 할 것인가? 아니면 믿을 만한 사람에게 재단을 맡기고 소프트뱅크에서 계속 일할 것인가? 둘 중 하나를 선택해야 하는 상황에 놓였다.

퇴직하는 수밖에 없다고 생각하던 나에게 내민 손

동일본대지진 부흥지원재단은 사회가 절실히 요구하는 곳이라고 확신하는 단체였다.

그러나 명칭에서 알 수 있듯이 부흥지원이 마무리되면 해산할 가능성이 컸다. 이재민을 돕고자 하는 확고한 생각 이면에 이후의 생활이나 앞으로 들어갈 아이들의 교육비가 머리를 스쳐 쉽게 결정할 수 없었다.

나름의 고민을 거듭한 끝에 "아무래도 회사를 그만두고 재단에 전념해야겠어"라고 마음을 굳힐 즈음 아오노 후미히로 (青野文寬) 상무(당시)에게 면담을 요청했다.

"아오노 상무님, 사실은 제가……."

아오노 상무는 십 년 전부터 업무의 기본을 비롯해 비즈니스퍼슨의 사고방식을 알려준 인물이다. 나는 아오노 상무를 스승으로 모셨고, 많은 것을 배웠다. 내가 처한 상황과 속마음을 털어놓자, 아오노 상무는 묵묵히 이야기를 들어주었다.

"그래서 소프트뱅크를 그만둘 생각을 하고 있습니다." 내 말이 끝나자 아오노 상무는 "그 건은 잠시 나에게 맡겨주지 않겠나?"라고 말했다. 회사를 그만두려면 조율과 절차가 필요하다. 나는 "알겠습니다"라고 말한 후 그 자리를 떠났다.

며칠 후, 아오노 상무로부터 생각지도 못한 이야기를 들었다. 아오노 상무는 "회사를 그만둘 필요는 없다네. 영리목적이 아닌 부서로 이동하면 그만일세"라며 나를 마케팅부문에서 CSR 부문으로 이동시킨 것이다. 사회공헌 사업을 추진하는 CSR 부문은 재단의 운영 취지와 동일하다.

둘 중 하나만 선택해야 한다고 생각했는데 겸직하라는 지시를 받은 것이다. 옛 표현이지만 이때 '눈에서 비늘이 떨어진다*'라는 말이 이런 거구나!'라고 강하게 느낀 순간이었다.

이 지시가 있었기 때문에 지금의 내가 있다. 인생의 커다란 갈림길에 섰을 때 손을 내밀어준 아오노 상무와의 인연의 힘에

＊ 눈을 덮고 있던 비늘이 떨어져 보이지 않던 것이 보인다는 말로 지금까지 몰랐던 일을 어떠한 계기로 깨닫게 된다는 의미다.

얼마나 감사한지 모른다. 나 혼자서는 아무것도 할 수 없던 위기에서 지혜를 얻었다.

이렇게 시작한 도호쿠 활동의 인연을 거쳐 당시 20여 명의 작은 부서였던 CSR 부문은 120명 규모로 성장해 SDGs(지속 가능한 개발목표), ESG(환경·사회·지배구조경영) 대책이나 차세대육성, 환경·자원대책 등 다양한 사회공헌 활동을 추진하고 있다.

긴 인생에서 어떤 일이 일어날지 모른다. 갑자기 부서를 이동하게 될지도 모르고 업계구조가 크게 바뀌어 자신이 근무하던 부서나 회사가 없어질지도 모른다. 질병이나 상처도 대개 갑자기 생기지 않던가.

포석이 중요하고, 가위바위보 이론으로 사람을 움직이려 해도 생각대로 되지 않을 때도 있다. 그런 인생의 위기야말로 인연으로 극복할 수 있다. 나는 그렇게 생각한다. 가벼운 '인연'이어도 좋다. '인연'을 소중하게 여기고, 사람들과 함께하다 보면 생각지도 못한 순간 도움의 손길이 등장할 때가 있다. 이처럼 좁은 범위에서 사람과 사람은 이어져 있다.

한 페이지 표의 힘으로 기획과 아이디어는 형태가 된다

　I 부장의 지시로 시작된 이번 체험단 기획. 당신은 I 부장의 도움을 받아 영업마케팅 전략회의에 참석하게 되었다. 영업마케팅 전략회의를 위해 당신은 다음 자료를 준비했다.

- 지금까지 작성한 5W1H 표(개요서)=전체 목차로 사용
- 자세한 설명과 근거가 필요한 부분은 개별 슬라이드를 작성, 효과분석표와 번갈아 가며 검토할 수 있게 준비

　예를 들어 '유명인사의 검토' 개별 슬라이드는 다음과 같은 형태다.

개별 슬라이드

개별 슬라이드 1 유명인사 제안

A 씨

소속 'OO24' 사무소	**생년월일** 1993년 7월 12일
혈액형 A형	**출신** 가나가와현 요코하마시
신장 162cm	**닉네임** 에짱

- 〈OO감정 TV〉 고정출연
- 〈△△포럼〉 사회
- 〈□□연수〉 마스코트 캐릭터

개별 슬라이드 2 유명인사 제안 시, 다른 후보와 비교하기 위한 자료

전제 및 평가해야 할 포인트

• 수십 명(학생, 20대, 30대, 40대, 50대 이상. 각 10명 이내 인원. 남녀혼합)의 인플루언서 호감도는?
• A제품과 업계에 대한 전문성을 갖추고 있거나 활동 이력이 있는가?
• 접하기만 해도 특별하다고 느끼는가?

	연령	종합평가	호감도	전문성	특별함
A씨	30대	8	4 전 세대	3	1 초인기 아이돌
B씨	40대	7	3 30대 이상 여성	3	1 배우
C씨	10대	6	2 10대 여성 중심	4 관련 연재 있음	-

　　프레젠테이션에서는 개요서로 전체를 설명하고, 개별 자료로 각 항목을 자세히 설명. 질문이 나올 법한 항목은 상세자료뿐만 아니라 효과분석표를 제시해 가며 다른 선택지와 비교한 끝에 '왜 이 선택이 최선이었는지'를 설명한다.

　　당신이 준비한 내용과 I 부장의 활약이 더해져 프레젠테이션은 순조롭게 진행되었다. 결과적으로 예산을 고려해 일부 변경해야 할 부분은 있지만, 기획안 자체는 큰 수정 없이 진행하게 되었다. 또한 당신도 행사운영팀의 일원이 되어 계속해서 I 부장 밑에서 행사를 진행할 예정이다.

어떤 일이든 재미있게 할 수 있다

체험단 개최는 빠른 속도로 진행해야 하므로 앞으로 수개월은 바쁘게 지나갈 것이다. 하지만 자신이 제안한 기획대로 행사가 진행된다는 기쁨과 환희 그리고 의욕으로 가득 찼다. 의욕에 가득 차 있는 모습에 가장 많이 놀란 건 당신 자신이다.

그도 그럴 것이 사실 당신이 하고 싶었던 일은 상품개발이었다. 많은 사람이 사용할 상품을 만들고 싶다는 포부를 안고 이 회사에 입사했다. 지금 부서로 배치되었을 때 크게 낙담했던 기억이 있다. 게다가 I 부장에게 지시받은 대로 일해야 하는 것에 염증을 느꼈다. 이직까지 생각하고 있었다.

그런데 지금은 "우리가 자신 있게 만든 상품을 세상에 처음 공개하는 일도 보람이 있네요"라는 동료의 말에 자연스레 고개를 끄덕였다.

그렇다. 같은 일이 일어났을 때 그것을 '좋게' 생각하는 사람이 있는가 하면 '싫어, 힘들어, 그만두고 싶어'라고 생각하는 사람도 있다. 그런 생각을 결정하는 건 본인의 의지다. 그렇다면 '긍정적'으로 생각하는 마음을 갖는 것이 좋지 않을까?

일하다 보면 힘들 때가 있다. 그만두고 싶을 때도 있다. 하지만 그것을 결정하는 건 자신의 의지다. 그 점을 잊지 말고 하루하루 업무에 최선을 다하길 바란다.

표로 팀과 프로젝트를 움직인다

마지막으로 표를 사용한 업무흐름 관리와 프로젝트 관리, 작업 관리, 팀 관리에 관해서 이야기하겠다.

표로 흐름을 파악한다

2장에서는 PCR 검사 센터 개설 과정을 소개했다. 그때는 PCR이 뭔지도 모른 채 어디서부터 손을 대야 할지 몰랐다고 이야기했었다.

이처럼 평소 업무 중 새로운 일을 지시받았을 때 '지시는 받았지만 무엇을 해야 하는지, 무엇을 준비해야 하는지 모르는' 경우도 있다. 모르는 것투성이에 '5W1H 표'에 무엇을 채워야 하는지 모르는 그런 상태다.

여기서 다시 신제품 체험단 행사 사례로 생각해보자. 당신의 기획은 무사히 영업마케팅 전략회의를 통과해 신제품 체험 행사를 개최하게 되었다. 행사 운영까지 진행하라는 지시를 받았지만 당신이 지금까지 해왔던 일은 행사기획까지였고 운영은 처음이다.

이때 가장 먼저 해야 할 일은 내가 PCR 검사 센터 설립을 하기 위해 처음으로 작성했던 '작업공정 구상도' 만들기와 같다. 표를 이용해 간단하게 업무흐름을 파악할 수 있다. 서둘러 만들어보자.

당신은 처음으로 행사를 담당하게 되었다. 하지만 일 때문이든 개인적으로든 지금까지 여러 행사에 참여했던 경험이 있다. 그때를 떠올린다.

"인터넷 광고를 보고 참가하기로 했다."

"관심이 있어서 신청했다."

"행사장소에서 전단지와 샘플을 받았다."

"설문 조사에 참여했다."

이처럼 과거에 참가했던 경험을 통해 떠올린 것들을 참가자의 시선으로 대충 써 내려간다. 내가 하고자 하는 것이 무언인지를 그려보는 과정이니 이 단계에서는 틀려도 상관없다.

곰곰이 생각해 본 결과, 당신이 행사에 참여하기까지는 크게 다섯 단계가 있었다는 것을 알았다.

'알다', '검토한다', '신청한다', '상세내용을 확인한다', '행사장에 간다'.

이 항목을 세로축에 적어 한눈에 볼 수 있게 만든다. 그 옆에는 예상되는 고객 접점과 행동을 적는다.

일단 떠올린 것을 적는다

	예상되는 고객 접점과 행동
알다	전단지, 포스터, 홈페이지, SNS, 광고
검토한다	내용확인(일정, 요금, 장소 등)
신청한다	전용 양식, 메일
상세내용을 확인한다	메일, 책자
행사장에 간다	접수처, 사회자, 서포터, 설문 조사

그러면 이 표 안에 몇 가지로 분류되는 사람이 있다는 것을 알게 된다. '고객', '사무국'처럼 행사에 등장하는 인물이다.

앞의 표는 잠시 뒤로하고, 이번에는 등장인물을 가로축에 둔 표를 다시 만든다. 그 밑에는 각각의 등장인물이 해야 할 일을 대략이라도 좋으니 시간 순서대로 적는다. 예를 들면 다음과 같은 방식이다.

시간 순서대로 해야 할 일을 적는다

	고객	시스템	사무국	비고
알다	인지		전단지·포스터·홈페이지 제작 ↓ 전단지 배포 포스터 게시 홈페이지 개설	• 설치 숫자는? • 배포 수량은?

검토한다	검토 의문·질문		대답	접수창구는?
신청한다	신청 기입 · 메일 · 양식	신청데이터	메일 접수 ↓ 입력	· 회신방법은? · 취소대응은?

**상세
내용을
확인한다**
	인지
	의문·질문
			상세내용 제작
			메일 전송
			대답
				· 개최장소는?
				· 당일 행사
				  흐름은?
				· 담당 배치는?
				· 당일 기자재나
				  집기는?

행사장에 간다	방문	확인 작업	전날 준비 확인 작업	

어떠한가? 처음에는 행사를 개최하려면 어디서부터 준비해야 하는지 몰랐지만, 이렇게 행사의 흐름을 시각적으로 파악하면 전체 과정과 필요한 준비를 한눈에 알 수 있다.

또한 표를 만들었기 때문에 알 수 있는 것이나 궁금한 점들이 떠오른다.

"신청 접수처는 어디에 둬야 할까?", "장소는 어디로 해야 할까?", "기자재와 집기는 무엇을 준비해야 할까?", "전단지는 몇 장 정도 필요할까?"

이러한 궁금증을 정리해 5W1H 표를 만들면 그다음에 해야 할 일이 보인다.

표로 역할분담과 업무관리를 한다

'언제, 누가, 무엇을 할 것인가'를 관리하는데도 표가 편리하다. 표로 이른바 작업분할구조도(WBS, Work Breakdown Structure)를 만드는 것이다.

앞의 행사 운영을 반영하면 다음 표처럼 된다. 포인트는 상세내용(누가 무엇을 할 것인가)까지 기록하는 것이다. 예를 들어 전단지 제작뿐만 아니라 디자인 발주, 제작진행 관리, 업체 대응 등 가능한 한 자세하게 적는다.

시간 순서대로 해야 할 일을 적는다

	중항목	상세	결과	담당	기일	상태
기획	전체 개요서	기획과 승인	영업마케팅 전략회의에서 승인완료	사토	4/30	Close
기획	도쿄 개최장소 상세기획	대행사와 내용 조율		스즈키	5/8	Open
기획	삿포로 개최장소 상세기획			다카하시	5/9	Open
홍보	홈페이지	체험단 전체		다나카	5/?	Open
홍보	홈페이지	모집 페이지		다나카		–

홍보	홈페이지	FAQ		이토		-
홍보	핵심 장면 (key visual)	명칭과 로고 작성		다나카	5/?	Open
판촉물	상품설명	행사장용		와타나베	6/5	-
판촉물	상품설명	오프라인 모임용		와타나베		-
판촉물	상품설명	SNS용		와타나베		-

　이렇게 하면 어떤 문제가 생겼을 때, 대응해야 할 사람이 명확해져 각자 책임감을 가지고 업무를 진행하게 된다. 그런 의미에서 작성할 때는 '○○팀'이라고 쓰지 말고 반드시 개인의 이름을 적는다. "다른 사람이 하겠지", "내 담당이 아니니까"라며 업무를 다른 사람에게 넘기지 않도록 처음부터 역할을 명확하게 적는다.

　대다수의 사람들은 트리 다이어그램(Tree Diagram)이나 로직 트리(Logic Tree)와 같은 도표로 업무관리를 한다. 하지만 이런 도표는 만드는데 손이 많이 가고 수정에도 시간이 걸린다. 효율적인 측면에서도 표로 역할분담과 업무관리를 하는 것이 편리하다.

　보다 시각적으로 표현하고 싶다면 간트 차트(Gantt Chart)를 만들어도 좋다. 세로에 작업 항목, 가로에 시간 축을 넣으면 작업 내용, 시간, 순서 등을 알 수 있다. 간트 차트에는 목표일이 정해져 있는 '역선표'와 언제까지 할 수 있는지를 표시한 '전선표'가 있으므로 상황에 따라 구분해서 사용한다.

역선표와 전선표

역선표	지시된 기한(마감일 및 납기일 등)에서 역으로 계산해 일정을 정하는 방법
전선표	현재를 기준으로 작업과 완료 예정일을 정해 일정을 정하는 방법

지금까지 간단하게 표를 사용해 프로젝트를 진행하는 방법을 설명했다.

이 책에서는 '5W1H 표'와 '효과분석표'의 사고방식과 작성하는 방법을 이야기했다. 하지만 기획이 통과되어 프로젝트가 시작된 후에도 업무 효율화 및 모든 진행을 원활하게 협의하기 위해 표는 반드시 필요하다.

'표'의 가능성은 끝이 없다. 항상 '표'로 생각하는 사고를 몸에 익히면, 더욱 정확도 높은 프로젝트 매니지먼트를 실현할 수 있다.

5장

표로 인생을 움직인다

생각이 사람을 움직인다
손 사장에게 마음이 움직인 이유

2010년, 소프트뱅크그룹이 창업 30주년을 맞이해 발표한 '신 30년 비전'에서 손 사장은 "망설여질수록 멀리 보라"라는 말을 했다.

배를 타고 있을 때 눈앞의 바다를 보고 있으면 뱃멀미가 심해진다. 하지만 저 멀리 100킬로미터 앞을 보면 멀미가 가라앉는다. 늘 처음에 세운 목표를 생각하고 있으면 망설임이 생겨도 자연스럽게 해야 할 행동이 보인다는 의미를 담고 있다.

어떤 문제가 생기면 망설여질 때가 있다.

"어떻게 해야 할까? 이건 오른쪽일까? 왼쪽일까?"

"과연 이 방향이 맞을까?"

"더 좋은 방법이 있을지도 몰라. 아니, 하지만……"

이때 필요한 것이 목적이다. 일에 휩쓸릴 때는 자칫 전체를 보지 못하고 부분적인 현상에만 사로잡혀 눈앞의 일에 일희일비하기 쉽다. 그럴 때는 일단 손을 멈추고 목적을 다시 확인해야 한다. 이 일은 무엇을 위해 하는 건가? 원래 목표는 무엇인가? 이렇듯 '100킬로미터 앞의 풍경'이 커다란 길잡이가 된다.

체험단 기획도 마찬가지다. 처음에는 누구나 목적을 명확하게 알고 있다. 하지만 눈앞의 업무에 몰두하다 보면 목적을 조금씩 잊어버리게 된다. 그러다 결국 '인원 모으기'와 '미디어 노출 건수'에 흔들려 방향을 잃고 만다.

이때 앞을 보고 목표를 다시 확인할 것. 그 끝에 무엇을 전하고 싶은지, 무엇을 실현하고 싶은지 비전을 명확하게 하면 흔들림 없이 타협 없이 앞으로 나아갈 수 있다. 이것은 조직경영에서도 매우 중요하다.

조직의 구성원이 항상 같은 목표를 향해 나아가면 그 힘은 상승효과를 통해 더욱 커져 빠른 속도로 목적에 도달한다.

이를 위해서라도 '멀리 보는 자세'를 갖는 것이 매우 중요하다. 멀리 있는 목적을 보면 '언뜻 보기에 하고 있는 일과 비슷해 보이지만 본질적으로 달라' 충돌하기도 한다.

예를 들어 재해지역의 아이들을 위한 지원 활동이 목적인 동일본대지진 부흥지원재단(현 어린이 미래지원재단)으로 "재해로 힘들어하는 노인분들이 있어요. 도와주세요"라는 요청이 온 경우다. 두말할 것 없이 노인 지원도 매우 중요한 일이다. 어떻게 해서든 도와야 한다는 생각이 든다. 하지만 동일본대지진 부흥지원재단은 그분들에게 도움을 드릴 수 없다는 판단을 내렸다. 왜냐하면 목적이 다르기 때문이다.

목적을 계속 생각하고 있으면 갈림길에 섰을 때도, 해야 할 일과 하지 않아도 되는 일을 판단하는데 망설임이 생기지 않는다.

큰 비전이 사람을 움직인다

손 사장에게는 10년 주기로 커다란 목표를 정한 '인생 50년 계획'이 있다.

20대 이름을 알린다

30대 사업자금을 모은다

40대 사업에 한판 승부를 건다

50대 사업을 완성시킨다

60대 다음 세대에게 사업을 물려준다

이 계획을 19세에 세웠는데 놀라운 것은 지금까지 계속 실현하고 있다는 사실이다. 손 사장은 1957년 8월에 태어나 24세에 일본 소프트뱅크를 만들었고, 36세에 주식을 장외시장에 공개했다. 이때 마련한 사업자금을 밑천으로 지프 데이비스(Ziff Davis) 전시부문을 인수, 세계 최대 규모의 컴퓨터 박람회 컴덱스(COMDEX)를 운영하는 인터페이스 그룹(The Interface Group) 전시부문에 자본투자, 잡지 『PC WEEK』를 출판하던 지프 데이비스 출판부문을 인수하는 등 '지도와 나침반을 갖기 위해' 미국의 컴퓨터 관련 기업을 그룹으로 포섭했다.

40세에 소프트뱅크를 도쿄증권거래소 1부에 상장시켰고 이후 일본의 인터넷을 저렴하면서도 고속통신이 가능하게 만들기 위해 ADSL을 사용한 브로드밴드 종합 서비스 야후 BB를 시작했다. 46세에 일본텔레콤을, 48세에 보더폰을 1.75조 엔에 인수했다.

50세에 일본에서 아이폰(iPhone)을 판매하기 시작했다. 55세에 스프린트(Sprint)를 인수해 미국의 휴대통신업계에 뛰어들었다. 3.3조 엔을 들여 암(Arm)을 인수했던 나이가 59세였다. 같은 해에 소프트뱅크 비전 펀드를 발족시키는 등 배터터치 없이 전속력으로 달리는 손 사장은 그야말로 초인이다.

자신의 인생에서 한판 승부를 걸고 있던 시절의 손 사장을 만난 것이 나에게는 크나큰 행운이었다. 그 속에서 나는 대지진과 팬데믹을 겪으며 사회를 위해 온몸을 던져 일하는 손 사장과 함께 있었다. 사업가이자 자본가인 손 사장과는 또 다른 인간적인 모습과 인품에 존경심이 절로 생겼다.

올라야 할 산을 정했다면
절반은 달성한 셈이다

목표와 비전은 혼동하기 쉬운데 목표는 '가고 싶은 장소에 도달하기 위한 표식'이고, 비전은 장래의 계획과 이상향이다. 목표를 정했다면 절반을 달성한 셈이다. '저곳에 가고 싶다'라는 목표가 생기면 방향이 보인다. 도착한 순간을 선명하게 떠올리고 뛰어넘어야 할 과제를 예상해 전략과 전술을 세운다. 극단적으로 말하면 목표 없는 업무는 헛수고일 뿐이다.

손 사장은 자주 "올라야 할 산을 정해라"라고 말한다. "이걸로 인생의 절반이 정해진다"라고 단언할 정도다. 올라야 할 산(목표)을 정해야 오르는 방법을 생각할 수 있다. 정상에 도착한 모습이 비전이다.

예를 들어 단순히 '근육을 키우고 싶어', '살을 빼고 싶어'라는 비전만 가지고 운동을 하면 PDCA를 돌릴 근거가 없어 능동적으로 움직이지 못한다. 그러면 얼마 가지 못해 포기하게 된다.

하지만 1년 후 피트니스 대회 참가를 목표로 세우면 목표와 현시점 사이의 차이가 명확해진다. 1년 후 바라는 체형과 지금 자신의 모습이 얼마나 다른가? 구체적으로 그려보면 몸을 만들기 위해 무엇을 해야 하는지 알 수 있다.

나는 지금까지 여러 차례 아이언맨 레이스(트라이애슬론의 한 종류. 수영 3.8km, 자전거 180.2km, 마라톤 42.2km 순서로 진행)에 참가했는데, 처음 대회 참가를 결정했던 때가 2014년 6월이다. 1년 후 대회 당일 최고의 몸 상태를 만들기 위해 지금 당장(현 위치) 무엇을 해야 할지 찾는 것부터 시작했다.

아이언맨 레이스 초보자였기 때문에 프로선수에게 훈련프로그램 작성을 부탁했다. 큰 목표와 일일 활동계획에 따라 매일 몸의 상태를 확인하며 연습했다.

매일이라고 했지만 일 때문에 지키지 못하는 날도 있었다. 그럴 때는 초조해하지 않고 "어제 하지 못한 만큼 오늘 하면 돼"라며 일주일 단위로 생각하기로 했다. 일주일 후의 월간 목표, 그리고 3개월, 6개월, 1년 후의 큰 목표를 향해 가면 현재의 오차에 일희일비하지 않게 된다. 눈앞의 일에 정신적으로 힘들어하고 의욕이 떨어지는 것이 가장 큰 문제다.

"별똥별이 떨어지기 전에 소원을 세 번 말하라"라는 말을 들어본 적이 있을 것이다. 근거 없는 주문 같아 보이지만 사실 이 주문은 의외로 잘 이루어진다.

원래 별똥별은 무리로 있을 때 말고는 볼 수 없다. 보게 되더라도 순식간에 사라진다. 그런 찰나에 별똥별에게 소원을 세 번 빌 수 있다는 것은 명확한 목표와 비전이 항상 마음속에 있다는 뜻이다.

언제 어디서든 목표를 생각하고 행동하면 골인 지점에 도착할 가능성이 커진다.

만약 마음속으로 목표를 생각하는 게 힘들다면 평소에 착용하는 사원증 뒤에 목표와 비전을 적은 카드를 넣어두는 방법도 좋다. 그것만으로도 평소 업무에 목적이 생겨 업무의 방향성이 정해진다.

역시 일은 사람과 한다

동일본대지진이 발생 후, 나는 CSR 담당자로서 손 사장과 함께 도호쿠 지역을 돌아보며 피해 상황을 두 눈으로 보았다. 후쿠시마 대피소에서 여러 사람의 이야기를 듣고, 파괴된 거리를 보았다. 도호쿠를 돌아보는 차 안에서 손 사장은 울먹이는 얼굴로 피해지를 둘러봤다.

나는 사업하는 손 사장의 얼굴만 봤었는데 그때 처음으로 인간 손정의의 얼굴을 본 기분이 들었다. 그 이후로 몇 번이고 인간 손 사장 얼굴을 볼 기회가 있었는데 매우 순수하고 감정이 풍부한 사람이라고 느꼈다.

내가 도호쿠에서 인간 손정의의 얼굴을 봤을 때 이 사람의 기대에 보답하고 싶다는 마음이 다시 한번 강하게 들끓었다. '손 사장을 위해서라도 최선을 다하고 싶어'라며 더욱 부흥지원에 온 힘을 쏟겠다고 결심했다.

큰 어려움에 부딪히면 혼자만의 힘으로는 극복할 수 없을 때가 있다. 하지만 누군가를 위해서라면 힘을 낼 수 있다. 손 사장의 마음을 알기에 내가 더욱 힘을 낼 수 있었듯이 강한 신념을 가진 진지한 마음은 사람을 움직이는 큰 원동력이 된다.

기대에 보답하고 싶다는 마음을 이끌어내는 존재

지금까지 '누구를 보며 일할 것인가?', '제안은 누구에게 해야 하는가?'라는 이야기를 해왔다. 이에 대해 조직에서 일하는 사람으로서 "그건 일단 상사이고, 결재권자이다"라고 대답했다. 다만 그 상사와 결재권자는 나보다 훨씬 멀리 보고, 큰일을 생각하는 사람이다.

순수하게 "이 사람의 기대에 보답하고 싶어"라고 생각하게 만드는 상대다.

"이 사람 밑에서 일해서 너무 좋아요"라는 생각은 어쩌다 한 번 있을까 말까 할지도 모른다. 혹은 "그런 상사는 없어요"라고 말하고 싶을지도 모른다.

그렇더라도 회사의 리더가 직접 말하는 종합계획과 기본계획에는 반드시 커다란 비전과 생각이 담겨있다. 상사의 위치에 있는 사람은 부디 그 생각을 자신의 입으로 말하길 바란다.

"이 사람의 기대에 보답하고 싶어"라는 마음을 이끌어내는 존재가 되기 위해 노력하길 바란다.

신뢰 관계를 구축하면 부하직원은 저절로 "이 사람의 기대에 보답하고 싶어"라고 생각할 것이다. 부하직원의 입장에서 그런 상사에게 칭찬을 받으면 더욱 열심히 일할 것이다.

앞에서 말한 것처럼 나는 항상 '손 사장의 기대에 보답하고 싶은' 마음으로 일하고 있다. 그런 내게 인생에서 몇 손가락 안에 들 정도로 기뻤던 일이 있었다.

2021년 25만 명 규모의 코로나19 백신 접종 목표를 발표했는데, 당시 손 사장이 트위터(현 X)에 "조금이라도 백신 접종 확대에 공헌하고 싶습니다. 전국 15개 장소에서 사원, 가족, 인근 주민, 25만 명 이상에게"라고 올린 후 걸려온 전화였다.

"이케다, 트위터 봤나? 자네가 찍힌 사진으로 골랐네. 지금까지 잘 이끌어 준 자네에 대한 내 깊고 깊은 애정이라네. 정말로 잘 해줬어. 앞으로도 잘 부탁하네."

이 건은 후생노동성과의 소통이나 백신 입고문제로 진행하는 데 매우 어려움이 많았던 안건이었다. 손 사장이 기대하는 속도에 맞추지 못해 질타와 격려를 동시에 여러 번 받았다. 나 자신에게 실망하는 동시에 최선의 방법을 찾아내야 하는 고뇌의 연속이었다. 그런 의미에서 대규모 접종이 시작되어 한숨 돌린 직후 받은 이 전화는 솔직히 너무 기뻤다. 이 사람 밑에서 일할 수 있어서 행복했다.

일의 의미나 일할 때 중요하게 생각하는 것은 사람마다 다르다. 그러나 '이 사람을 위해 일하고 싶어!'라는 생각은 결코 촌스러운 일이 아니다.

만약 당신이 이미 '이 사람을 위해 일하고 싶은' 환경에서 일하고 있다면 그 환경을 소중하게 여기길 바란다. 만약 아직 만나지 못했다면 그런 상대를 계속 찾아보길 바란다.

'이 사람을 위해 일하고 싶은' 바람 끝에, 일의 보람과 행복이 있지 않을까?

마치며

이 책에서 소개한 내용은 2006년부터 손 사장과 많은 일을 하게 되면서 고안한 것이다. 정보를 정리하는 방법, 기획을 제안하는 방법, 사람과 사람이 같은 시선에서 건설적으로 논의할 수 있는 표 만드는 방법이다.

경영진이나 관계자들과 협력하며 기획을 실현하기 위해서는 어떻게 해야 할까? 수많은 시행착오를 거치며 여기까지 왔다.

인생은 혼자가 아니라 주변 사람들과 함께 서로 관계를 맺으며 모든 일을 결정하고 합의한다.

또한 모든 일을 결정할 때는 절대적 정의와 방정식으로 판단해서는 안 된다. 오늘은 오른쪽이 맞았지만 다음 주에는 왼쪽으로 가야 하는 일이 생긴다. 그렇기 때문에 일과 삶이 어려운 것이 아닐까?

어려운 세상을 살아가기 위해 선택지를 만드는 방법, 소통하는 방법에 관한 노하우를 여러분과 함께 공유하고 싶었다.

여기서 소개한 여러 가지 노하우 중에서 부디 자신에게 맞는 것, 필요하다고 생각한 것을 하나라도 좋으니 적극적으로 활용해보길 바란다.

평상시 업무 의욕을 높이기 위해, 그리고 높은 수준을 유지하기 위해 자신의 목표를 항상 기억하길 바란다.

눈을 감으면 바로 떠올릴 정도로 뚜렷한 목표를 갖길 바란다. 그러면 '무엇을 하고 싶은지', '무엇을 해야 하는지'가 명확해져 어떤 것을 선택하고 버릴 것인지 알기 쉽다.

책을 사서 읽어도 실천하지 않으면 아무것도 달라지지 않는다. 행동하고 경험해야 자신을 깊이 이해하게 될 뿐만 아니라 예상하지 못했던 문제나 의외의 발견을 통해 더욱 단단하게 목표를 향해 나아갈 수 있다.

예상하지 못했던 문제는 실패가 아니다. 오히려 개선해야 할, 더욱 발전하기 위한 경험이다. 그러니까 잘 풀리지 않는다고 중간에 포기하거나 내려놓지 말고 다음 제안으로 이어가길 바란다.

괴로울 때는 이 두 가지를 떠올려라

너무 힘들고 괴로울 때, 도저히 뛰어넘을 수 없을 것 같을 때 나는 보통 두 가지 방법을 사용해 그 상황과 마주한다.

하나는 다른 사람과 의논하기. 나와 같은 시선과 같은 목표를 가진 동료, 파트너에게 어려운 상황을 이야기하고 서로의 상황을 조율해 다음에 해야 할 행동을 결정한다.

냉정하고 긍정적인 '동료'와의 소통은 매우 가치 있는 일이다.

또 하나는 명확한 인생의 목표로 되돌아가기.

내 인생의 목표는 아메리카 원주민 속담에서 말하는 "당신이 태어났을 때 주변 사람들은 모두 웃었고 당신만 울었다. 그러니 당신이 죽을 때는 주변 사람들이 울고 당신만 웃는 그런 인생을 살아라"이다.

나는 사람과 사람의 관계를 소중히 여겨야만 실현할 수 있는 이 말을 무척 좋아한다.

높은 곳에서 전체를 내려다보듯 나에게 가족과 동료만큼 소중한 것이 무엇인지 냉정하게 생각한다. 그중에서 지금 일어나고 있는 일의 의미를 생각한다. 그런 일상의 반복이다.

포기하거나 내려놓았을 때 염려되는 건 떨어진 성과뿐만이 아니다. 그러한 마음가짐이 '기본자세'가 될까 봐 두렵다.

기본자세가 '포기나 내려놓음'이 된 상태에서는 새로운 일이나 어려운 도전이 눈앞에 다가오면 분명 '포기'하는 길을 선택한다.

인생은 고난의 연속이다. '포기'라는 부정적인 자세로는 인생의 수많은 어려움을 뛰어넘는 에너지를 얻을 수 없다. 인생 전체의 발목을 잡고, 더 큰 어려움을 가져올 것이다.

부디 이런 악순환에 빠지지 말고, 낙담하지 말며, 일상을 살아가길 바란다.

마치며

지금까지 소개한 '표'가 당신의 꿈을 실현하고 구체적인 형태로 만드는 데 힘을 보탤 것이다. 조금이나마 도움이 되길 진심으로 바란다.

깨달으면 시야가 넓어진다. 시야가 넓어지면 사고가 달라진다. 사고가 바뀌면 미래가 달라진다. 미래가 바뀌면 자신이 달라진 것을 깨닫게 될지도 모른다.

이 책이 여러분의 깨달음으로 이어지길 바란다.

심플리어 002

한 페이지 표의 힘

1판 1쇄 인쇄 2025년 1월 3일
1판 1쇄 발행 2025년 1월 15일

지은이 이케다 마사토
옮긴이 김은혜
펴낸이 김영곤
펴낸곳 (주)북이십일 21세기북스

콘텐츠TF팀 김종민 신지예 이민재 진상원 이희성
출판마케팅팀 남정한 나은경 최명열 한경화 권채영
영업팀 변유경 한충희 장철용 강경남 황성진 김도연
제작팀 이영민 권경민
디자인 서주성

출판등록 2000년 5월 6일 제406-2003-061호
주소 (10881) 경기도 파주시 회동길 201(문발동)
대표전화 031-955-2100 **팩스** 031-955-2151 **이메일** book21@book21.co.kr

ⓒ 이케다 마사토, 2025

ISBN 979-11-7117-957-2 (13320)

㈜북이십일 경계를 허무는 콘텐츠 리더

21세기북스 채널에서 도서 정보와 다양한 영상자료, 이벤트를 만나세요!
페이스북 facebook.com/21cbooks **포스트** post.naver.com/21c_editors
인스타그램 instagram.com/jiinpill21 **홈페이지** www.book21.com
유튜브 youtube.com/book21pub

· 책값은 뒤표지에 있습니다.
· 이 책 내용의 일부 또는 전부를 재사용하려면 반드시 ㈜북이십일의 동의를 얻어야 합니다.
· 잘못 만들어진 책은 구입하신 서점에서 교환해드립니다.

더 쉽게, 더 깊게

심플리어 시리즈는 콘셉트만으로 단순명료한 비전과 프레임을 제시합니다. 자기계발, 비즈니스, 학습법 등 실질적이고 직관적인 해결책을 제공하여 본질에 집중할 수 있도록 돕는 실용적인 책들입니다.

Simpleer